愛神之淚

Les larmes d'Eros

Georges Bataille
Rye Field Publications

時代感 10　喬治·巴塔耶 著　吳懷晨 譯　麥田出版

【總序】

「時代感」總序

——李明璁

謝謝你翻開這本書。

身處媒介無所不在的時代，無數資訊飛速穿梭於你我之際，能暫停片刻，閱覽沉思，是何等難得的相遇機緣。

因為感到興趣，想要一窺究竟。面對知識，無論是未知的好奇或已知的重探，都是改變自身或世界的出發原點。

而所有的「出發」，都涵蓋兩個必要動作：先是確認此時此地的所在，然後據此指引前進的方向。

那麼，我們現在身處何處？

在深陷瓶頸的政經困局裡？在頻繁流動的身心狀態中？處於恐慌不安的集體焦慮？抑或感官開放的個人愉悅？有著紛雜混血的世界想像？還是單純素樸的地方情懷？答案不是非此即彼，必然兩者皆有。

你我站立的座標，總是由兩條矛盾的軸線所劃定。

比如，我們看似有了民主，但以代議選舉為核心運作的「民主」卻綁架了民主；看似有了自由，但放任資本集中與壟斷的「自由」卻打折了自由；看似有了平等，但潛移默化的文化偏見和層疊交錯的社會歧視，不斷嘲諷著各種要求平等的法治。我們什麼都擁有，卻也什麼都不足。

這是臺灣或華人社會獨有的存在樣態嗎？或許有人會說：此乃肇因於「民族性」；但其實，遠方的國度和歷史也經常可見類似的衝突情境，於是又有人說：這是普同的「人性」使然。然而這些本質化、神祕化的解釋，都難以真確定位問題。實事求是的脈絡化，就能給出答案。

這便是「出發」的首要準備。也是這個名為「時代感」書系的第一層工作：藉由重新審視各方經典著作所蘊藏的深刻省思、廣博考察、從而明確回答「我輩身處何處」。諸位思想巨人以其溫柔的眼眸，感性同理個體際遇，同時以其犀利筆尖理性剖析集體處境。他們立基於彼時彼地的現實條件，擲地有聲的書寫至今依然反覆回響，協助著我們突破迷霧，確認自身方位。

據此可以追問：我們如何前進？

新聞輿論每日診斷社會新病徵，乍看似乎提供即時藥方。然而關於「我們未來朝向何處」的媒介話語，卻如棉花糖製造機裡不斷滾出的團絮，黏稠飄浮，占據空間卻沒有重量。於是表面嘈雜的話題不斷，深入累積的議題有限。大家原地踏步。

這成了一種自我損耗，也因此造就集體的想像力匱乏。無力改變環境的人們，轉而追求各種「幸福」體驗，把感官託付給商品，讓個性服膺於消費。從此人生好自為之，世界如何與我無關；卻不知己身之命運，始終深繫於這死結難解的社會。

「時代感」的第二項任務，就是要正面迎向這些集體的徒勞與自我的錯置。

據此期許，透過經典重譯，我們所做的不僅是語言層次的嚴謹翻譯（包括鉅細靡遺的譯註），更具意義和挑戰的任務，是進行跨時空的、社會層次的轉譯。這勢必是一個高難度的工作，要把過去「在當時、那個社會條件中指向著未來」的傳世作品，連結至「在此刻、這個社會脈絡裡想像著未來」的行動思考。

面朝世界的在地化，就能找出方向。

每一本「時代感」系列的選書，於是都有一篇扎實深刻、篇幅宏大的精采導讀。每一位導讀者，作為關注臺灣與華人社會的知識人，他們的闡釋並非虛掉書袋的學院炫技，而是對著大眾詳實述說：「為什麼此時此地，我們必須重讀這本著作；而我們又可以從中獲得哪些定位自身、朝向未來的重要線索？」

如果你相信手機的滑動不會取代書本的翻閱，你感覺臉書的按讚無法滿足生命的想望，或許這一趟緩慢的時代感閱讀，像是冷靜的思辨溝通，也像是熱情的行動提案。它帶領我們，超越這個資訊賞味期限轉瞬即過的空虛時代，從消逝的昨日連結新生的明天，從書頁的一隅航向世界的無垠。

歡迎你，我們一起出發。

目錄

第二部分 終結（從古代到現在）

導讀

〈愛神之笑？愛洛斯之淚？〉

吳懷晨（詩人、巴塔耶研究者）

一、禁書《愛神之淚》

《愛神之淚》初版於一九六一年，是巴塔耶生前最後一本出版的著作，次年，巴塔耶病逝，本書即遭法國文化部以妨礙風化名義查禁。《愛神之淚》從史前岩洞壁畫談起（幾占了半冊篇幅），縱論古希臘酒神節、基督教興起後的畫作流派（中世紀惡魔崇拜、矯飾主義、哥雅、馬內）、薩德、巫毒教，直抒至二十世紀初的北京凌遲照。表面看來，近似作者獨門的藝術簡史，易讀但費解，因書中內容多處複沓且簡略；顯見撰寫此書時的巴塔耶身體已衰。[1]

「愛神之淚」（Tears of Eros／Les larmes d'Eros）一詞來自西洋繪畫史上一則不斷迴旋的主題，更廣為流傳的題目稱：「維納斯為阿多尼斯之死而泣（Venus Weeping for the Death of Adonis）」。希臘神話中，青春之神阿多尼斯因狩獵遭野豬刺死，狂戀他的愛神維納斯見之流淚慟哭。特別是幾幅「愛神之淚」的畫作[2]，還增繪了小愛神丘比特站一旁哭泣抹淚的模樣。其實，愛神阿芙蘿黛蒂（Aphrodite）與愛洛斯（Eros）[3]，在希臘神話中都不是單純浪漫的愛神，是揉雜了愛與恨、兇與慟的複雜神祇，巴塔耶說：愛神首要是悲劇之神，其來有自……。[4]

《愛神之淚》雖言簡意賅，但巴塔耶本欲藉（藝術）通史的方式來通盤論述情色論。[5]即便其重要理論都已在更早的著作中闡明，《愛神之淚》在巴塔耶一生著作中仍有幾點獨特處。

其一，便是占了大半篇幅的拉斯科壁畫，尤其是有著鳥首、勃起將死之人的圖像。巴塔耶認為這幅畫是謎中之謎，是遠古留給今人最晦澀的謎團。

---

1 從巴塔耶與友人的通信，可見他撰寫此書時身體已非常差，自己謄寫的文字挪至鄰房打字都會忘掉。

2 如菲奧倫蒂諾（Rosso Fiorentino）、霍爾斯坦（Cornelius Holsteyn）、韋斯特（Benjamin West）所繪。除了這三幅，依筆者所知，題為「維納斯為阿多尼斯之死而泣」或「阿多尼斯之死」的畫作甚多，魯本斯（Peter Paul Rubens）、普桑（Nicolas Poussin）等都曾畫過，羅丹（Auguste Rodin）也曾以此題製作過雕像。

3 分別是維納斯與丘比特的希臘名。

4 情色論（eroticism）與愛神（eros）本就字根同源，中文翻譯上，情色、色情、愛洛斯、愛慾、性愛、色慾……都是可能的選擇，不因迻譯而多生誤解。以「情色」譯之自是一種言詮。

5 事實上，五〇年代巴塔耶以通史的概念寫了系列文章（如 "Qu'est-ce que l'histoire universelle ?" 等）。而，巴塔耶在五〇年代出版的專著如《拉斯科，或藝術的誕生》（*Lascaux, ou la Naissance de l'Art*）（一九五五）、《馬內》（*Manet*）（一九五五）、《文學與惡》（*La Littérature et le Mal*）（一九五七）、《情色論》（*L'Erotisme*）（一九五七）、《吉爾・德・萊斯之案》（*Le Procès de Gilles de Rais*）（一九六〇）等，這幾本專著或多或少都被融入了《愛神之淚》，只是過於簡略，但可見本書的企圖。另，如若一九五七年的《情色論》是以理論談情色，則一九六一年《愛神之淚》是以藝術通史來談情色。

其二，即是書末一九〇五年中國人遭凌遲而死的照片，巴塔耶自述二十幾歲便得到這張相片，為之癡迷半生[1]。他說：「這些照片在我的人生中有著決定性的角色。」凌遲系列作為巴塔耶一生著述最末的結語，不僅是《愛神之淚》的終結，亦可視為巴塔耶哲學之總結，體現了情色論的終極精神，即：

> 我的目的是要去描繪出在宗教狂喜與情色之間的一種根本連結……是這完美對反的同一物，神聖狂喜與其對反的極度恐怖。……受限於其自身的領域，情色論永遠不可能企及在宗教情色中所顯露的根本真實，即恐怖與宗教之同一。宗教作為整體是奠基於獻祭之上的。

「鳥首人身」與「凌遲之圖」分別為全書之始與終；有兩股意涵流貫首尾：(1)巴塔耶想說明各時期的藝術（品），情色（或基督教眼中的惡魔）面向是如何在其中伏流著。(2)試圖整體回應一種康德式的命題：「人是什麼？」[2]我們必須援引巴塔耶諸理論，才能嘗試詮釋以上論題。

---

1 巴塔耶的精神分析師伯瑞送他這張照片，伯瑞是巴黎精神分析協會創始人之一。一九二四年起，巴塔耶因過多的荒誕思想及沮喪抑鬱而找上伯瑞。他同時也診療了巴塔耶的諸多思想好友。一年療程後，巴塔耶自稱對心靈健康大有幫助，他得到一種思想上的解脫。

2 巴塔耶在幾本著作中，都試圖揉雜人類學的考察，來追問人是什麼？如工具人（*Homo Habilis*）、智人（*Homo Sapiens*）、直立人（*Homo Erectus*）。若以晚期立場，無疑，巴塔耶將人定義為「情色人」。

二、從情色到普遍經濟

1. 情色與耗費

拉斯科洞穴中勃起的將死之人，藝術、死與性，是情色論的真諦，是人性萌芽之初始時的狀態；每一個關鍵詞也都顯示出巴塔耶論耗費（expenditure／dépense）的面向。

筆者以為，巴塔耶思想最精采、最引人入勝處，即他用了大量著述、事例去論證，人類這種存有者何以會將大量精力與財富消耗在無數毫無回報的事物上？如情色、宗教、戰爭、文學、藝術、賭博、節慶等，巴塔耶稱之為人類無限制的耗費領域（dépenses illimitées）。只因人類的生命永遠都不會僅是生命，而總是被一種生命的過量所維持。人性之矛盾，人類社會之精采，恐怕都脫離不了耗費精神。

2. 禁忌──幾條思想軸線

情色（性）是人類生命耗費的一種展現，人類為情色大量白白耗費的例子不勝枚舉。而性跟死本相似，最激烈的情色讓人欲仙欲死；這是巴塔耶念茲在茲最愛談的性高潮「小死」（petite mort）。另外，情色的另一面向就是「禁止」，性與死亡都最是「禁忌」（interdit）。於是，本書最重要的主題：情色論，就在性與死這雙螺旋上纏繞而成。

透過「禁忌」的論述，巴塔耶為當代拉出幾條思想的軸線：

(1) 踰越

正因為禁忌是生命的界限，但被禁止的行為吸引了越界的行為，引發違反禁忌的慾望，沒有界限，被禁止的行動就沒有如此誘人的邪惡之光。巴塔耶稱之為踰越

（transgression）。禁忌與踰越之間，構成了雙重的拉扯[1]。踰越除了有黑格爾辯證法的揚棄（aufheben）精神外，也是後現代主體性哲學（內在經驗的焦慮）及界限哲學之濫觴。[2]

⑵ 情色論與宗教

禁忌，並將情色論與宗教相連。宗教之本質即將特定的行為區別有罪，也即被禁之行為。情色中有所犧牲，宗教上便有所獻祭（皆sacrifice），都是死亡的面向，為愛而死或因信殉道，都是生命耗費的常態[3]。巴塔耶說，獻祭從根本上來看，是在恐懼中達到了讓在場者有能力承受的焦慮的極限。巴塔耶甚至考察了每年祭典要使用兩萬名人牲的阿茲提克帝國太陽神祭。[4]正是在宗教上的耗費，犧牲／獻祭的死亡踰越中，進入了神聖性（le sacré）。禁忌之踰越，讓巴塔耶接續了宗教社會學的聖世界（monde sacré）／俗世界（monde profane）之分。

1 事實上，佛洛伊德—巴塔耶—拉岡，有一條踰越的系譜線。佛洛伊德在《文明及其不滿》中說，任何從絕爽轉向禁止的，總是會不斷加強這禁止的強度。拉岡說，這就是絕爽與踰越之辯證。拉岡說，「罪需要法」，「而我們接受這樣的公式，沒有踰越，就沒有通往絕爽的途徑。」

2 巴塔耶從情色踰越界限上拉扯出的主體焦慮，指出了後現代主體的內在經驗。人與動物之不同，乃在於在世存有的人從沒辦法與世界完全相契合。後現代主體觀堅持的是，主體必然是匱乏的。沒有一種完滿的自給自足的「我」，因此主體總是在分裂中。這樣的主體，在前代哲學家中，即是黑格爾筆下的「世界的黑夜」，或謝林「自我的黑夜」、康德口中的「惡魔之惡」。或如紀傑克所說，「焦慮」與世界之黑夜、瘋狂、生命過量總是相連結的；如同康德的物自身般，實在界乃是根本的否定本身。

3 情色與宗教在內在經驗上是共通的，在物質耗費上亦是；而同樣都需透過性與死的踰越而達致一種宗教或情色式的神聖性。巴塔耶說：「由主體而發的情色的內在經驗，會對禁忌感到苦悶，但這並不亞於他想去違犯禁忌的慾望。這是宗教的感性，它總是將慾望和恐懼、劇烈的快樂及苦悶緊密地連結。」Georges Bataille, *L'Erotisme*（Paris : Éditions de Minuit, 1957）, p. 45.

4 所考察的最駭人的獻祭（耗費），是中古美洲阿茲提克帝國的太陽神祭。每年祭典通常會使用兩萬名人牲，巴塔耶寫：「由國王首先下手。他們剖開人牲的胸口，掏出還在跳動的心。當他們做厭了這種開膛破肚的工作，就換幾十名祭司接替，繼續這場沒完沒了的血腥大屠殺。」Georges Bataille, *The Accursed Share*, Translated by Robert Hurley,（New York: *Zone Books*, 1988）, p. 49-52. 或見原文：*Œuvres complètes*, Tome VII, ed. M. Foucault（Paris: Gallimard, 1998）, p. 55-58.

在原初的宗教性裡，神聖性是同時有聖與懼、潔與穢的雙重矛盾。若要舉例，筆者認為基督教的救贖論（theory of the atonement）是最佳例子。耶穌被釘十字架，是基督教教義的核心，基督教義認為人類有「原罪」，需要耶穌的寶血以贖罪，以血潔淨人的原罪。人若有原罪，本該自己受罰贖罪，但人／神子為我們上了十字架。

但，這也即是死亡禁忌的踰越，且是對人子而施。巴塔耶說：「首先以十字架上之死為例：這是項犧牲，此犧牲中，神自己就是受難者。然而就是這項犧牲救贖了我們，這就是教會歌頌著這弔詭的快樂罪行（*Felix culpa*）」[1]。「快樂的罪行」難道不矛盾嗎？謀害了神（人子）本該是萬惡之罪，然而卻是基督教理念核心之核心。這種古老的、以牲為祭的模式，在基督教信仰中產生了無限的新意。「以罪（殺神之罪）洗罪（人類原罪）！」但，在當今成熟的基督教經驗中，人子之死已完全失去其以牲為祭的殘酷面向。

(3) 至高性

而，也就是在最極致的耗費處，才顯示出巴塔耶所言之至高性（souveraineté），人子耶穌，白白為罪人犧牲，是為成就他的義、他的國，人子是該被榮耀的萬王之王；王，至高者，同樣是踰越禁忌之後而達致。至高性對立著奴性，唯有在超出世俗功利的環節後才展現，如巴塔耶所說，「生命超過了有用性才是至高性的維度。」

至高性不只在宗教王或是政治王身上（極端之例就是法西斯之主），巴塔耶甚至說，即便是下班後得以小酌一杯的工人，那時刻他都體現出一種至高性。人為何會將大量的精力財富耗費在毫無回報的事物上？的確，縱情聲色的浪子、宗教聖人、簞食瓢飲精神度日的藝術家、尼采的權力意志、賭徒一擲千金、瘋狂賽車手……等，都在踰求著這種至高性（亦可用心／物二分，以求人類在物質上或精

---

1 Georges Bataille, *L'Erotisme*, pp. 261-262.

神上的生產／非生產性耗費）。

3. 普遍經濟學

耶穌之死顯示出犧牲的白白耗費。若以經濟學的觀點，單純消解掉，破壞，把有化為無，這種行為脫離了生產—消費—再生產的功利性迴路，巴塔耶把這樣的行為稱之為純粹的贈予（le don pur），或消盡（consumation）。[1]消盡是全然無用的，其價值只體現在它單純把物消解掉。由此，見諸了巴塔耶普遍經濟學（économie générale）的全貌。

巴塔耶曾談到了星球性的聚積與消耗。他認為，生物圈的能量總是傾向聚積的，但累積到一定程度自身的規模再也無法成長後，這多餘的能量總是必須白白耗費掉。他說：「在一個由地球表面的能量遊戲所決定的環境下……如果系統無法再成長，或超出的能量不能完全被系統的成長吸收，那麼就必然在無利的狀況下喪失；無論願不願意，不管是壯麗的還是災難性的，它都必須被耗費掉。」[2]

按普遍經濟學，就如同死亡是最奢華的生命形式，死，就能量的奢侈上，是一物種依靠著另一物種之死而接續存活。從微生物的消耗／消解層層累積堆疊到食物鏈上最高端的生物之能量消耗／消解，都是死亡的各種形式。人之死不過就是回到能量全體之連續性當中。在此意義下，死亡並非如個體經驗上是恐怖的客體。死亡意識，是人類所獨有。獨有人類意識到其中的有／無變化而已，而在人的內在經驗

---

1 祭品、牲品或人牲都含有這樣的意味，巴塔耶把它們稱之為「被詛咒的部分」（the accursed share）。被獻祭的存有既然被作為祭品、牲品或人牲，則意味著它們都是從財富中擇選出來的多餘品，而且是要被無功利性地處理掉，或者完全地摧毀掉。「一旦中選，他就是被詛咒的部分，命定要被暴力地消費掉」。牲品被從事物的秩序中拿掉，也象徵著他有某種特別的角色，巴塔耶說，它指出了存有的親密、苦痛與深淵。Georges Bataille, *The Accursed Share*, p. 59. 或見原文：*Œuvres complètes*, Tome VII, p. 64. 事實上，「被詛咒的部分」（the accursed part），與拉岡所部署的亞特（até）之域不啻指向相同領域？

2 *Ibid.*, p. 21. 或見原文：*Œuvres complètes*, Tome VII, p. 29.

中，體現焦慮或主體的黑夜。

巴塔耶的普遍經濟學，毋寧說是從宇宙論的角度出發的。從早年的《太陽肛門》，巴塔耶就注目到太陽白白給予付出的能量狀態，那是屬於非生產性的榮耀（la gloire improductive）（從阿茲提克的太陽神祭、到柏拉圖太陽喻以降的哲學思想，並連結上生態學太陽的能量觀，無疑都展現出其經濟學之普遍性）。巴塔耶不僅討論宗教的獻祭、情色上的為愛犧牲，在《被詛咒的部分》中，還從資本主義討論到美國戰後的馬歇爾計劃。按巴塔耶，美國在兩次大戰中雖然能量有一定的消耗，但它本身的聚積早已超過無法再增長的規模，因此必須純粹地將國家的財富贈送出去。

4. 薩德「第二次死亡」

然而，光是談到宗教獻祭，把物種、人類的生命大量耗費，還不足以解釋巴塔耶在本書中提到的殘殺之例，如吉爾．德．萊斯（Gilles de Rais）。巴塔耶說「在吉爾．德．萊斯的堡壘裡，他凌虐、殺害了幾十名孩子，也許甚至數百名」，這種殘殺意味什麼？在此必須援引談論薩德的哲學。

薩德談論過死亡之後的再死亡，用拉岡的話來說，即「第二次死亡」（**the second death**）。自然界中，自然的原則就是毀壞與生成，生滅原則是一種理性的秩序，總是因果相接的，但薩德認為還有一種額外的踰越形式，他稱之為犯罪（**crime**）。犯罪，並不尊重自然之秩序。薩德認為，透過罪行，人才有力量將自然從其自身的法則中解放出來。透過犯罪，人強迫自然一切從頭開始，從零度出發（*ex nihilo*）。[1]按薩德之思想體系，毀壞是一切的根本；毀壞後，大地星球才得養

---

1 Jacques Lacan, *The Ethics of Psychoanalysis 1959-1960*, edited by Jacque-Alain Miller, translated with notes by Dennis Porter（New York : Routledge, 2008）, p. 321.

分足以存活。薩德這樣說：

> 為了服侍它（自然），必須要有更全面的破壞……，那就是它想要的無盡罪惡。……就必須反對讓我們所埋葬的屍體的因果重生。殘殺只是奪走了我們所襲擊的個體的第一生命，必須要拿掉他的第二個生命才能對自然更有用，因為它要的是毀滅（anéantissement），而我們還無能將我們的殘殺擴及到它所慾望的程度。[1]

連死亡本身，都將要再死亡。這的確是巴塔耶普遍經濟學的先聲。只是面對如此驚世駭俗的第二次死亡，薩德教導的態度是漠然（apathie）。這是一種超脫／超人式的倫理學，一種橫空出世所得的斯多噶式「不動心」。正是面對著千刀萬剮還能不動心，才能回應這自然界殘酷的生與滅（巴塔耶愛馬內，也以漠然稱馬內畫作中的女子奧林匹亞[2]）。

但，巴塔耶談到薩德時，提及還有「笑」。巴塔耶說：「終其一生，薩德從未停止執迷那極度恐怖之物——薩德能笑啊（Sade pouvait rire）。」

笑？本書中論到愛神，巴塔耶也是重複言笑，如，「他有張小孩子的臉（丘比特），讓人見之就發笑」，或「笑與死、笑與情色論亦是連結的……，感官的歡愉與大笑，都是悲劇的共謀——即死亡之基礎」。在巴塔耶的理解裡，愛神讓人又哭又笑。奇妙的是，書末論凌遲之圖時，巴塔耶也特別點出了犧牲者表情上，有一抹

---

1 *Ibid.*, p.322. 此處借用沈志中之翻譯，見沈志中：〈薩德與精神分析〉，《中外文學》43：2（2014.06），頁一四五。

2 在論《馬內》的專著中，巴塔耶說，奧林匹亞的出場乃是聖性的恐怖，或對於寂靜的漠然，這是現代畫作的特徵。「整個奧林匹亞把自身凸顯為一樁罪行之惡或一件死亡的奇觀，……畫裡的每件事物都滑向了與美之漠然。」Georges Bataille, *Œuvres complètes*, Tome IX, p. 147.

狂喜的笑[1]？

5. 笑之？哭之？

笑是什麼？自然界中，只有人這種存有者會笑。笑，是多麼獨立異質於大自然的能量耗費啊。顯然：⑴巴塔耶不只談著情色中單純的又喜又悲，如青春戀愛中的淚與樂。⑵更深沉的是，當面對愛神（情色）的淚之時，人應當還是要笑。這種笑，不是更苦痛（悲劇）的嗎？笑看悲喜同合。⑶但巴塔耶談的，更是一種非常哲學性的笑（他曾說：「我的哲學是笑的哲學。」）。如若回到《論尼采》一書中〈無、超越性、內在性〉一節，才能見識巴塔耶嘲笑一切的超越之笑。

該文中，巴塔耶以正統哲學詞語推論著存有者、界限、內在性與超越性等，類比了一個笛卡兒式的起點。巴塔耶說，我是能明確（在界限內）確認的我，我（的界限）之外，即無。固然，歷來的傳統中，在我的界限之外能另立（超越的）存有者，如上帝，如大自然，如它者，如資本，然而「存有者之超越性（transcendance de l'être）基本上是這無（ce néant）」，這些超越我的對象，「它的本質是從我邊界所界定出之虛無（le néant）所給出的」[2]。

於是，因規定出存有的界限，這些超越我的對象而顯示的種種優越性，由此而來的道德、法理、國家、資本等，我與外在於我之超越者而打交道時，或遵從，或聽令，或犧牲，或賺取。但——我亦可嘲笑之。無視於這樣的超越者而取笑之，表

---

1 這一抹微笑，有可能是因遭餵食了鴉片。實則，巴塔耶所討論的凌遲之圖，其背景早已被考證出。根據法國學者鞏濤，該事件應該發生於一九〇五年前後，犯人名王衛親，因殺害一家十二口而被處以凌遲。鞏濤寫：「仔細分析圖版後，其實應該是拍攝於北京，時間很可能在一九〇四年底，在一九〇五年四月廢除『凌遲』的數月之前。受刑者是一位名人，叫做王衛親（Wang Weiqin），一九〇一年左右他殺害一家十二口，包括婦女、孩童（最小的九歲）在內。所以，他被處以最嚴厲的懲罰『殺三人或超過一家人以上（株連）』。」鞏濤，〈中國處決刑罰視覺化與歐洲酷刑之異同〉，《典藏今藝術》129（2003.06），頁一八五。

2 譚家哲，《形上史論》（下部），臺北：唐山出版，二〇〇六年，頁二八六、二八七。關於此文，筆者主要仰賴譚家哲先生的翻譯與詮釋。

面上我笑的是最高者（頂端之存有），但實則我笑的是虛無，「若我取笑虛無，我已取笑它了。笑是在內在性這一邊的，因虛無是笑之對象」[1]，薩德能笑啊。

在巴塔耶眼中，執迷於極度恐怖的薩德之笑，與凌遲之人臉上「神聖狂喜與極度恐懼的完美對立同一」之微笑是一致的，即認出了一切超越者的虛無性而笑之。按上文，耶穌若在十字架上笑了，恐怕也是笑看頂端之存有，直面虛無而興發縱笑。

神話故事的愛慾生殺情節常是精采，但吾人常忘了諸神就是恣肆超越於道德法理之上，愛神之哭與笑亦如此，別忘了阿芙蘿黛蒂深愛的美男子阿多尼斯就是她操弄世人命運而誕生的亂倫之子。當看到愛神之淚，巴塔耶說：「我知道，我自己也會忍不住笑出來。」那是律法、道德、自然……之上的笑？用尼采的話，即超越善惡之笑。

三、《愛神之淚》的臺日影響

半世紀來，《愛神之淚》雖遲未有中譯本，但九〇年代卻在臺灣有了間接影響[2]。一九九六至一九九九年間，藝術家陳界仁開始一系列取材於歷史的刑罰之

---

1 譚家哲說：「這樣的笑，非因我優越，更非因我超越一切，非因我超越自身之有，非因我化自身為無而超越，非由於我為國家、為人類、為神而犧牲，而只是由於我有限而已，在這有限中達致其頂點而已。」同上，頁二八九、二九〇。另，蔡翔任對巴塔耶「笑」的哲學有精采論證，見蔡翔任，《巴塔耶的普遍經濟論：耗費與聖性》，臺北：國立政治大學哲學研究所博士論文，二〇一二年，頁二〇一—二一八。

2 依筆者所知，此地最早對「凌遲之照」的談論始自楊澤。楊澤是從魯迅談起的。魯迅「吃人」的議題，不僅指涉現實意義上人欺人，更指涉了傳統文化上的禮教吃人。楊澤說魯迅：「他對死亡、對犧牲流血（obession），以及他從其中得到的近乎『虐待／被虐待狂』的快樂，不免令人聯想到巴塔耶——巴塔耶當年從幾張攝於民國前六年、顯示一中國人被『碎屍萬段』的照片所領受的靈感與啟示。」出自楊澤：〈邊緣的抵抗——試論魯迅的現代性與否定性〉，收入中國文哲所編委會編：《中國現代文學國際研討會論文集——民族國家論述》（臺北：中國文哲研究所籌備處，一九九五，頁二〇一）。

照，完成名為「魂魄暴亂」的創作[1]。其中〈本生圖〉就是轉化「凌遲之照」而來。二〇〇三年，陳界仁則進一步延伸創作了更廣為人知的錄像作品〈凌遲考〉。值得注意的是，陳界仁同樣論及凌遲者那抹淺淺微笑，以佛陀前世遭肢解及基督徒在十字上的默禱來同論[2]；隱然觸及了巴塔耶的超越善惡之笑。

相較此地，日本對巴塔耶著作的翻譯幾乎亦步亦趨。事實上，六〇年代前後（甚至巴塔耶生前），日本便譯出了《文學與惡》（一九五九）、《情色論》（一九五九）、《愛神的眼淚》（一九六四）、《有罪者》（一九六七）、《內在經驗》（一九七〇）等書，影響所及，上一代日本前衛的知識分子無不受到震撼。

筆者尤以三島由紀夫為例。三島雖是巴塔耶同時代人，透過翻譯已深悟巴塔耶精神。三島發動軍事政變，失敗後切腹自殺；情節早見於他最自我推崇的小說《憂國》，他說：「《憂國》描寫的性愛與死亡的光景，情色與大義的完全融合與相乘作用，堪稱我對這人生抱以期待的唯一至福。」[3]他自編自導將《憂國》拍成影片，英文片名 *The Rite of Love and Death*，渾然是巴塔耶情色論的真義。後歷史的時代[4]，三島由紀夫更將獻祭／犯罪引領到更高的層次，他非薩德的空想者，也非

---

1 彼時華文世界並無任何巴塔耶理論書的翻譯。〈本生圖〉中，陳界仁將原本被凌遲者改為雙頭雙身；且讓自己進入圖中，成為左後方的觀看者；同時占據著「砍頭—看客」的角色。

2 陳界仁：〈凌遲考——創作自述〉，見伊通公園網站，收錄日期：二〇二〇年一月一日。

3 三島由紀夫，劉子倩譯：《憂國》（臺北：大牌出版，二〇一四，頁二九四）。三島亦說：「若是人錯過了自己的夜晚，就再也找不到其他能夠抵達人生至福的機會。我自己在戰爭時期的經歷、以及當時閱讀的尼采著作、甚而還有對哲學家巴塔耶、即所謂『尼采式情色』的無限認可……都令我對這種觀點確信無疑。」亨利．史考特．斯托克，于是譯，《美與暴烈：三島由紀夫的生和死》（臺北：遠足文化，二〇一八，頁三四二）。

4 一九五九年，巴塔耶的老師柯傑夫（Alexandre Kojève）參訪日本時，發現了讓他醉心的「武士階層」。柯傑夫早倡言「歷史的終結」：即政治上，歷史終結於一個普遍同質的國家，經濟上，歷史終結於資本主義。而美國是後歷史時代的典範，完成了歷史的目的——戰勝自然。而人呢？歷史的終結之後，柯傑夫提出人之死，人不再需要改造自己，因此再次動物化；剩下的只有社會科學的胡言亂語跟直接的動物性本能。當柯傑夫經歷日本時，他發現日本雖然早已進入後歷史時代，但日本的高雅文化，尤其是武士道精神，沒有讓他們倒退回動物狀態。武士重心性，安冥想，愛茶道能劇等藝術，且將死亡置於羞辱奴役之上。柯傑夫

吉爾・德・萊斯般的殘殺者，更不是巴塔耶觀看凌遲式的癡迷，三島以己身獻祭：「切腹」，親手執行情色與大義之融合，體現了後宗教的人之消盡。

巴塔耶早說了，文學與藝術「在我們身上保持苦惱和對苦惱的超越，它們是宗教的繼承者。我們的悲劇和喜劇都是過去犧牲的延伸」[1]。文學家就是惡的罪犯，這是另一種神祕主義的真理。[2]早在一九六四年，日人便譯出《愛神之淚》，一代文士如澀澤龍彥、寺山修司、土方巽、大島渚等都愛巴塔耶。相較之下，《愛神之淚》中譯本已遲到半個世紀。

與三島都愛極武士之書《葉隱》。不知若柯傑夫或巴塔耶能見到三島之切腹，會興發如何之笑？

1 Georges Bataille, *Literature and Evil*, translation by Alastair Hamilton（London: Marion Boyars Publishers）, p. 26.

2 最後，面對離經叛道的巴塔耶哲學，閱讀吉爾・德・萊斯或迷戀觀看凌遲之流，筆者仍必須在此雙重詰問：在普遍經濟學的微言大義裡，人與自然，皆是那被詛咒的部分？孰是？孰非？

前言

終於，要開始領略情色論與道德之關係的荒謬性了。

眾人皆知，荒謬源自情色與最古老的宗教迷信之關係。

但是，於歷史精確性之上，絕不要忽視此一原則：要不起初就執迷於慾望，讓熾熱的激情引領吾人；要不我們就以理性去希冀一個更美好的未來。

而似乎存在著一段中介期（un moyen terme）。

我可以活在對更美好未來的希冀中。但我仍然可以把此未來投射到另一來世。

在那裡，只有死亡才有權力引渡我……

無疑，此中介期是不可免的。人類計算的時刻到了——比一切的事都還要沉重——無論是賞是罰，死後就會到來……

但最末，當我們預視到恐懼（或如此期盼）不再發揮作用的時候，不再有中介期，當下利益就會與未來利益相衝突——焚燒之慾就會直接撞上理性的反思計算。

無人可想像這樣的世界，在那裡，再無熾熱的激情苦惱我們……另一方面，也沒人想得出這般可能性，生命不再被計算所束縛。

文明整體，**人類生命之可能性**，取決於一種理性衡量的手段，以確保生命。但是，吾人負責確保的文明生命——這種生命不能簡化為達成目標的**手段**而已。算計的手段之外，我們尋求這些手段的**目的性**——或**諸般目的性**。

若目的明明白白只是手段的話，為此目的獻身就平庸了。追求財富——有時是個體自我的財富，有時是為了共同的財富——顯然都只是一種手段。工作只是一種手段……

對情色慾望之回應——也許就是對更為人性（非物質性）的詩歌之慾及狂喜之慾的回應（但要掌握情色與詩歌之別、情色與狂喜之異，豈是容易？）——對情色慾望之回應，相反地是一種目的。

事實上，手段之尋求，到最後總是合理的。目的之尋求是出於慾望，而往往無視於理性。

慾望之滿足常與自利相對立。但我屈服了，因為慾望一剎之際成為我最終極的目的！

然而，言之容或可能，情色所蠱惑我的，不僅是慾望之目的。確然不是，因為某種程度上，生兒可以是其結果。但只有育兒所需之照顧，有人性上的實用價值。沒有人會將情色活動——其結果就是生出小孩——與實用性的工作相混淆，沒有實用性的照顧，嬰兒到頭來就會受苦死亡……

效益的性行為對反情色，因為情色是我們生命的終極目的……但是，以算計的方式去追求繁衍，就像可厭之物，人性的風險被減低成一種可悲機制。

人類的本質是在性之中達成的——這即是起源和開端——對人構成了一道難題，人無法擺脫，只能惶悚。

惶悚在「小死」中產生。我可以完全**活在**「小死」之中嗎？這不就像是最終死亡的預告？

痙攣性快樂的暴力在我心深處。同時，我戰慄地說，這種暴力是死亡之核心：它在我裡頭綻放！

人類生命之歧義即是癲笑與啜淚之歧義。其中的困難在於，要將理性計算與這些淚水相調和……與恐怖之笑調和……

*

作為**第一步**，本書之意義在於開啟「小死」與真死的同一意識。從貪歡之樂、從譫妄，到無邊的恐怖。

這是**第一步**。

引導我們去忘掉理性的幼稚！

理性從不知道要如何去衡量它自身的界限。

這些界限是在下列事實中被賦予的：理性之**終結**，無可避免就超乎了理性，這並不與理性之**超克**相互對反！

透過暴力之超克，在我的笑與啜泣之失序中，在撕裂我的癡迷之極度中，我抓住了恐怖及使我超昇之貪歡的相似性，終極苦痛和無以承受之喜悅的相似性！

第一部分　開端

（愛神的誕生）

I 死亡意識

1. 情色、死亡與「魔鬼」

單純的性行為與情色有別；前者屬於動物生命，而獨有人類生命展露了或能定義為「魔鬼」（diabolique）層面的活動，更適切之名曰情色。

「魔鬼」一詞的確與基督教相關。但遠早於基督教之前，按外形，老人類已知曉情色了。史前資料讓人咋舌：人類最早被畫在洞穴壁上的形象是陽具勃起的。這些人一點都不「魔」：無論如何……這就是當時史前的「魔樣」。

如若本質上，「魔鬼」真意味著死亡與情色之相契（coïncidence），如果魔樣最終只是吾人之瘋狂，如若我們淚流，我們在哀傷中顫動——甚或，如若吾人放聲縱笑——我們會不會就無以察覺，無以連結最初的情色與對死亡揮之不去的恐懼（對死亡之恐懼，某意義上是悲劇的，儘管讓人發笑）。這些人類在洞穴壁上多留下勃起貌的自我形象，並非只顯現出與動物有慾望之別，而是原則上其存在本質就不同。這麼說也行，吾人從這些洞穴壁畫藝術家的身上獲悉他們已知、但動物卻不知的——人會死。

遠古以前，人類就有了充分的死亡意識。勃起的人類形象可追溯至舊石器時代晚期。它們是最古老的形貌之一（距今兩、三萬年前）。但最久遠的墓穴，回應著哀切的死亡意識，則更是悠邈了；舊石器時代早期的人類和今人相似，對死亡有一種沉重卻明確的態度，所以才會埋葬已逝親屬。

眾人皆知，基督教最終帶著哀切之感發明了「魔鬼」的面向，究其本質，是與這些古老人類同調的。在那些相信魔鬼的人眼中，死後的世界（l'outre-tombe）是魔樣的。但只要人類——或至少他們的老祖宗，已認知到自己會死，並活在對死亡焦慮的期待之中，「魔鬼」的面向便早已孕生其中。

2. 史前人類與壁畫洞穴

人類演化並不是一蹴可幾的，顯著的困難由此而生。那些最早埋葬逝去同類的人，還有在實體墓穴中尋得的骨骸，都比最初始的遠古人類要晚出現許多。況且，這些最早關切起自己親屬骨骸的，自己都還不是全然的人類。其遺留的頭骨仍保有猿人特徵：他們的下顎凸出，而且通常其眉骨粗大外顯。這些原始人還不能完全直立，不論道德上或體格上，直立都定義並肯定了人之所以為人。毫無疑問，他們站起來了；但他們的雙腿並沒有像今人那樣明確地直挺起來。我們甚至必須認為他們差不多還是猿猴，毛髮包覆周身以禦嚴寒……不單只從骨骸和墓穴，還有那些比先人更進步的石製工具，吾人得以認識史前史學家所指稱的尼安德塔人，整體而言，他們還不是人類。況且，尼安德塔人很快就被現代智人種取代了，智人在各方面都跟今人相似（儘管稱為智人，實際上他們並沒有比之前的類猿人知道更多，但體質上他們與今人相似）。

史前史學家稱尼安德塔人及其先祖為巧人（*Homo faber*，工具製造之人）。的確，人之所以稱為「人」，在於使用了特定用途的工具，鑿斧形狀有所求。若有人稱知識是「知道怎麼做」，那麼工具就是知識的證明。目前所尋得最久遠的古人類遺跡在非洲北部（於特尼范〔Ternifine Palikao〕）——工具伴隨著人骨——距今約百萬年左右。但是，當死亡被意識到了，遂有了最初的喪葬，這時間點是廣受矚目的（尤其在情色方面）。時序要晚很多，原則上距今約十萬年前。最後，外形同類，骨骼能明確被判定為今人的人種，出現時間大約不早於三萬年前（如果不將四散的骨骸列入，只考慮與整體文明相關的眾多墓穴的話）。

三萬年前……，但這次不再關乎著人類遺骸的問題，那是挖掘出來提供給科學與史前史學的，他們必然只會乾巴巴地詮釋……。

現在關乎的是能夠觸及吾人感性（sensibilité）深處的神奇符號：這些符號最終有感動我們的魔力，無疑，也將永不止歇地困惑著我們。這些符號是非常古老的人類遺留在洞穴壁上的畫作，他們必定在洞穴裡舉行過咒術般的儀式……。

〈維倫多爾夫的維納斯〉（Venus of Willendorf）
（舊石器時代，距今兩萬兩千年至兩萬四千年前）

史前史學家所謂的「智人」[1]其實與字面定義相去甚遠，舊石器時代晚期的智人出現前，更早期的人種顯然還介於動物與現代人之間。我們必然著迷於智人晦澀不清的存有，但整體而言，智人留下的遺跡也很難再增添多少無形魅力。以我們對智人所知，最能打動到吾人內在的，並非關於最初的感性層次。如果憑智人的葬禮操作就驟下結論：說他們已有死亡意識，那只觸及到一種立即性的反思罷了。但舊石器時代晚期的人類，智人所留下給我們認識的符號，並非只是以無比之美感動我們而已（他們的壁畫是如此地不可思議），這些符號打動著我們，乃因為它們就是智人情色生命的多重見證。

1 「*sapiens*」，此一形容詞意味著賦予知識。但很顯然，就製作者而言，工具意指著知識之目的。確然，工具之目的知識是所有知識的基礎。另一方面，就是這死亡知識將感性帶入知的領域，正因如此便明顯有別於純粹的論理知識，因而標誌出人類知識發展的一個階段。但是，死亡知識雖遠遲於工具知識之後才出現，仍早於史前史學所稱「智人」（*Homo sapiens*）的到來之前。

這樣極端之情感的誕生，吾人稱之為情色，這區別出人禽之辨，而當然是史前史研究為知識帶來的一個重要面向……

3. 情色與死亡意識之連結

從仍是類猿人的尼安德塔人，過渡到今之同類，骨骼與今人毫無差異，成為完成的人，並且透過描繪自我的壁畫與雕刻，我們得知智人已無動物那樣渾身的毛髮，這些，無疑都是決定性的。按吾人所見，或許仍毛絨絨的尼安德塔人已理解了死亡。正是由於理解了死亡，情色出現了，區別出動物與人類性生活的差異。其中問題未被點明：原則上，人類的性領域不似大部分動物而具季節性，此點似乎上承猿猴。但猿猴本質上又與人類迥異，因其未有死亡意識。猿猴圍繞著死去的同伴，態度冷漠，但仍不完全是人的尼安德塔人，懷著迷信的關愛埋葬了同類屍首，這同時已超出他對屍體所存之敬與畏（**le respect et la peur**）。人類的性行為與猿猴大致雷同，來自強烈的興奮又不被季節性的節奏所打斷；況且又有動物所沒有的明顯自制，這是連猿猴也未曾有的……。事實上，面對性行為的尷尬感受，至少就某種意義上聯想起面向死亡與死者的尷尬之感。「暴力」在性行為與死亡這兩件事上**奇特地**征服我們：這兩件事都**異於**習以為常的物之秩序，每一次暴力總站在物之秩序的對立面。死亡有一種猥鄙，無疑與性行為的粗赧是不同的，死與淚相關，有時候性慾望又與笑相關。但笑，看起來並不那麼與淚對立：笑與淚的客體總是與某種暴力有關，暴力打斷了尋常序列，物的尋常序列。淚通常連結著使我們沮喪的不可預期事件，但另一方面，不可預期又令人開心的結局有時又讓吾人感動而哭。性失序顯然不帶給人們淚水，但總是困擾著人，有時被它粉碎，性狂暴緊接著發生兩件事：它可能讓吾人發笑，或是驅使我們走向暴力的懷抱。

毫無疑問，難以清晰明辨地明白，死亡，或死亡意識是如何與情色合為一體的。按情色之原則，遽增的（exaspéré）慾望不會是生命的對立，毋寧是後者的結果。情色的時刻甚至就是生命的頂點，當兩人相互吸引、交配與繁衍時，最大的力道與最烈的強度在其中展露。情色是生命的問題，也是繁殖的問題；然而在繁殖之中洋溢著生命，且洋溢達致極端之譫妄（le délire extrême）。扭曲、昏厥的兩具身體糾纏在極度的感官貪歡（volupté）之中失去了自己，此刻他們與死亡對立，將來死亡會把他們獻予腐爛的寂靜。

確實，按表象是顯見的，情色與生殖、繁衍相連結，繁衍一而再、再而三修復著死亡之蹂躪。

事實就是如此，動物、猿猴常常感官遽增，但牠們完全不知道什麼是情色。就是因為猿猴無知於死亡。我們是人類，一切就恰恰相反，吾人生活在黑暗的死亡前景裡，我們識得遽增的暴力，情色的絕望暴力。

的確，由效益論的理性來思考的話，人們可以見出性失序的必然性與實用義。如若這樣，難道那些將最頂點時刻稱為「小死」（petite mort）的人，將那些時刻理解成死亡層面的人錯了嗎？

4. 拉斯科洞穴——死亡在地窖（puits）深處

難道不是在對死亡與情色——曖昧不清又立即——的反應中，我相信可以把握住一種決定性的價值，一種根本的價值？

起初我談到了最古老的人類形象，裡頭「魔鬼」的面向，已傳遞到我們這裡了。

但「魔鬼」的元素：亦即與性行為相連結的詛咒，真的出現在那些圖像中嗎？為了在最古老的史前文獻中找到《聖經》裡闡述的主題，我想介紹最重量級的課題。尋找，或說我已在拉斯科洞穴最深處找到原罪主題，也就是《聖經》傳說的主題！死亡連結著原罪、性之超昇（l'exaltation sexuelle）與情色！

無論如何，在拉斯科洞穴深窟處，僅僅一道難以進入的天然縫隙中，都藏著費解的謎題。

拉斯科畫家以獨特的繪畫形式，將深埋的謎題展現給吾人觀賞。說實話，這畫家的眼中沒有任何謎。於他，畫作中的人和野牛所代表的意義明晰。但今日，看到這幅晦澀圖像時，我們只覺沮喪：壁畫上是一名鳥臉人，他正倒下，也正勃起著。那人面前躺著一頭受傷的野牛。野牛將死，開腸破肚地正面對著他，景象駭人。

某種晦澀、怪異的角色將這幅可憐的景象隔離開來，我們這時代裡好像沒有什麼可與之匹敵的東西。這名倒下之人的下方，畫有一隻鳥，立於一根長棍上，這鳥試圖調動我們的思想。

更遠處之左，有頭犀牛正在遠離，但牠肯定與右邊的這幅圖像無關，野牛與鳥臉人面對著死亡、合為一體。

如布勒伊神父（Abbé Breuil）所釋，犀牛可能將野牛開腸破肚後，緩步地遠離這將死之人。但顯而易見，整幅壁畫的組成，將傷口的起源歸因於人，歸因於這將死之人手中擲出的長矛。反之，犀牛是完全獨立於這主要圖像之外，或許，犀牛的意涵永遠無解……

誰能解釋這引人注目的召喚？已深埋在失落、無法進入的深處數千年之久。

無法進入？如今，正好二十年了，每次最多可讓四人同入欣賞的圖像，這幅我會拿來與《創世紀》的傳說相對立、但同時又與之相連的圖像。拉斯科壁畫發現於

拉斯科洞窟壁畫（距今約一萬五千年）

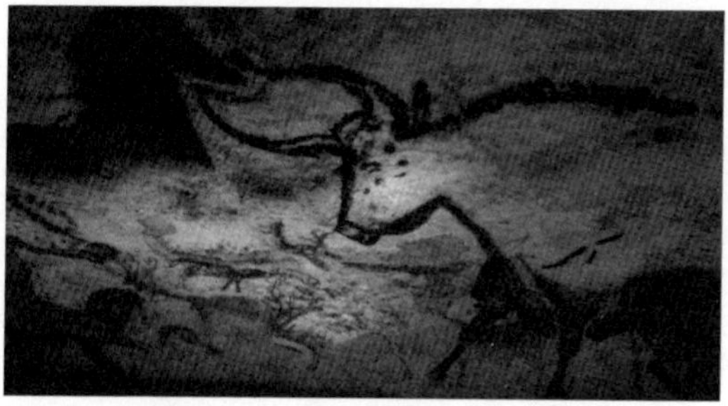

拉斯科洞窟壁畫（距今約一萬五千年）

一九四〇年（確切時間是該年九月十二日）。一九四〇年起，少數人可進到洞穴底部，但這幅壁畫爾後因攝影照而廣為人知。讓我再次重述，這幅壁畫重現了一名鳥臉人，這人可能死了，但無論如何他倒在一頭將死的野牛面前，野牛痛苦異常。

六年前，書寫一本關於拉斯科的著作時[1]，我自持不對這驚奇場景做出個人詮釋。也自限仰賴於一名德國人類學家的詮釋[2]，該作者將這幅圖像類比為雅庫特人（Yakut）的獻祭，一名狂喜的薩滿顯然以鳥臉面具來偽裝。這名舊石器時代的薩滿——巫師，大致等同於西伯利亞的薩滿，現代或稱之為巫師。說真的，該作者的解讀對我而言只有一點可取（mérite）：它強調了「此幅圖像的怪異性」[3]。然而，經過兩年的猶豫，雖然缺乏一套精確的假說，但在我看來已然可以提出一條原則了。在一本新作中[4]，基於這項事實：「贖罪都由殺生起，這些贖罪之人的生活規則，大致上無異於洞穴壁畫家」，我寫道：「這幅知名壁畫[5]的主題（已喚起無數矛盾及薄弱的解釋）將是**殺戮與贖罪**。」

這名薩滿以死向他屠戮之野牛贖罪。對許多狩獵的部落來說，向獵殺的動物贖罪是一條定則。

四年過去了，我上述所說的論斷似乎太謹慎了。由於沒有出現支持性的評論，我的論斷就意義不大。一九五七年，我就只說了：「這個觀點至少代替了對洞穴壁畫的魔法性（或功利性的）解釋，宗教的解釋明顯是不足的，也就更契合了一種崇高的遊戲特性……。」

---

1 巴塔耶：《拉斯科或藝術之誕生》（*Lascaux ou la Naissance de l'art*），日內瓦：史其拉出版社（Skira），一九九五年，頁一三九。

2 基什內爾（Kirchner, H.），〈對薩滿教史前史的貢獻〉，《人類》（*Anthropos*），冊四十七，一九五二年。

3 這也凸顯了舊石器晚期的人類與某些現代西伯利亞人並沒有太大不同的事實。但這對比的細節似乎是脆弱的，也難禁得起考驗。

4 巴塔耶：《情色論》（*L'Érotisme*），巴黎：午夜出版社（Minuit），一九五七年，頁八十三。

5 關於這幅畫作的研究數量卷帙浩繁——就此層面來說，它非常有名。

今日，對我而言，超越這個觀點似乎是至為重要的。在這本新書中，我不只關心拉斯科壁畫的謎題，至少在我眼中，這亦是告別的起點。正是於此面向，我將致力於闡明「人的向度」之意義，忽視或省略它都是徒勞的，這就是所謂的**情色論**。

II 勞動與遊戲

1. 情色、勞動與「小死」

我必須從久遠以前的事情談起。原則上，無疑我會詳述情色，而不過多敘說它誕生時的世界。然而，若不論及情色之濫觴，也不論及其誕生時的原初條件的話，那麼對情色論的談論皆徒勞了。只有從動物性行為肇始而誕生的情色，才能造就情色的本質。如若不能談論其原初樣貌的話，那麼嘗試去理解情色論都是無濟於事。

我不能不在本書中提及，人類是宇宙的產物，人在宇宙中被情色苦惱著。如若吾人俯瞰歷史，從歷史的起源處伊始，誤解了情色則導致一切顯明的錯誤。但，如若想要理解人類整體，我會特別求解情色，最初的責任臨到我身：從一開始，我就必須賦予勞動首要之地位。事實上，從歷史的彼端到此端都以勞動為首要之事，無疑，勞動是人類的基礎。

從一段歷史的終結到另一段歷史之開端，即起源（也就是從史前史說起）……史前史大致與歷史並無不同，只是史前史憑據的文獻缺乏。但於此基點上，必須說最古老跟最豐富的證據都與勞動相關。除此之外，我們還找到一些骨骸，不論是人自身的還是他們所獵之野獸的——大抵上人吃了牠們。但是，迄今為止，在所有文獻跟證據中，石製器具是數量最多的，讓我們能夠對最遙遠的過去有所了解。

史前史學家的研究已提供了大量切石，根據發現地，通常能夠追溯到相對應的年代。這些石頭被琢磨是為了回應用途。有些是武器，有些是工具。也有些工具是用來製造武器的：投擲器、斧頭、長矛及箭矢，都可用石頭製作，但有時這些武器的基礎材質是由死獸骨骸所製。

想當然耳，是勞動使人類脫離最原初的動物性。透過勞動，動物成為人。勞動尤其是知識與理性的根基。工具與武器的製作是最初理性能力的起點，得以人性化了原本的動物。人類琢磨物質，思之如何應用到己之所慾的目的。人類從石頭中取材並打造成所慾之形式，在操作過程中，改變的不只是石頭，人類自己也變了。顯然勞動使他成為人類，一種我們之所以是的理性動物。

如若說勞動是源頭，如果說勞動是人性之關鍵，那麼長遠來看，人類藉由勞動全然脫離了動物性。尤其於性生活此一層面上遠離了動物性。起初，人類將自己的勞動應用到對己有利的事物上。卻不只單單透過勞動來發展：而是在其整體生命裡，人類的行為舉止都回應了所慾之目的。動物的性行為是出自本能，雄性撲倒雌性只為了回應本能之興奮。但透過勞動，人類已有了要追求目的之意識，一般來說也就脫離了純然本能性的回應，也就分辨出此回應對他們的意義。

對最先意識到此事的人來說，性行為的目的並非只為生小孩，而是性行為所帶來的中介性歡愉（plaisir）。本能性的盲動往一男一女結合的方向移轉，目的在養育小孩，但動物性界域中的雌雄連結，只關乎到一個有意義的結果，即繁殖。一開始，繁殖這事並沒有一個意識性的目的。一開始，當男女結合是人性地回應意識之意志時，所慾之目的就是歡愉，那是一種歡愉的強度與暴力。於此意識界限中，性行為一開始，乃是回應強烈情慾貪歡之算計追求。即便現在，古老的部落仍不了解情慾貪歡的結合與生兒間的必然關係。對人類而言，愛人或配偶的結合起初只有一個意義，就是情色的慾望：情色與動物的性衝動不同，原則上跟勞動相同，就是有意識地追求貪歡之目的。性貪歡是和勞動之目的不同的，並非慾求著增添或累積什麼。只有子嗣代表著增添（acquisition），但原始人並不真的將這有效率的多添子嗣，視為性結合的成果。對文明人來說，大致上孩子降生於世不再有效益的意義

野牛陶塑（距今約一萬四千年前）

了，但對原始人來說這是有物質效益的。

無疑，我們這時代，通常貶低以快樂為旨趣的性。這和今日性行為所憑仗的基礎不一致。然而實際上，對於追求感官歡愉這回事，今人即便不去譴責它，在一定限度內，也常默而視之。此外，這乍看之下不合理的反應，於深度上卻沒有更不合邏輯。在從未停止運作的原始反應中，貪歡是情色遊戲的預期結果。但勞動的成果是收獲（**le gain**）：勞動使人富足（**le travail enrichit**）。若我們以慾望的角度來檢視情色，且無關獲得子嗣之可能性的話，其結果是失去，也就解釋了「小死」一詞的矛盾合理性。「小死」與死沒什麼關聯，與死亡的冰冷恐怖無關。但是當情色於遊戲狀態時，這悖論不會改變嗎？

的確，是死亡意識讓人類與動物有所區別，這區別進一步呈現了：為了器官的盲目本能，情色取代了一種關於計算——歡愉的計算——的自願遊戲。

2. 雙重魔法的洞穴

尼安德塔人之墳墓對吾人來說具有根本重要性，他們見證了死亡意識，領略了一項悲慘事實：人類可以、且應該沉沒在死亡中。我們僅能從此時期現身的尼安德塔人來確定，本能的性行為過渡到情色之過程，舊石器時代晚期的尼安德塔人與我們頗相近，肢體外觀上並沒有較今人低等，也可以假設尼安德塔人擁有同等級的心智[1]。相反地，在他們身上找不到任何足以讓我們稱之為「野人」或「原始人」的次等性（事實上是非常初淺的）。（他們創作的壁畫是所知最早的畫作，這些創作比不上當今美術館裡的藝術嗎？）

1 原則上，舊石器時代晚期的孩童，若在今日學校受教育的話，當能達到與我們相同的水平。

尼安德塔人仍顯示了若干次等性，讓他們跟今人有別。無疑，尼安德塔人像我們一樣都能夠直立（其祖先亦是）。但尼安德塔人的腿還保有一點彎曲，並且走路姿勢「不像人類」；他們用腳掌的邊緣跨步而非以腳底板，額頭低、下顎凸出，脖子不若我們細長，想像他們甚至似猿猴或如哺乳動物那般毛髮包覆，也很合邏輯。

今人之同類占據了尼安德塔人曾生活過的空間，除此之外，我們對於這些古代人的消失一無所知。舉例來說，尼安德塔人曾經活躍於韋澤爾谷（vallée de la Vézère），也在其他地區（法國西南方與西班牙北部）留下陳跡，挖掘出無數他們讓人欽佩其才能的物品。的確，要在人類形體發展完全後，藝術才誕生。

勞動是決定性的：因著勞動成就了人類智慧。人類之至高，吾輩天性之完成，最終帶來一股超昇之感，一種滿足，而不僅僅是實用的勞動成果而已。勞動成為人類生活之事實，數十萬年後，藝術創作才慢慢地現身。最終，是**遊戲**而不是勞動，

標誌著藝術之降世，而那時勞動也成為了曠世巨作的一部分，而不再只是回應著對實用性之關注。的確，人類本質上就是勞動的動物。但人類也懂得怎麼將勞動轉換成遊戲。我將藉著藝術的脈絡（藝術誕生的脈絡）強調此點：人類，人性真正的遊戲一開始只是勞動，勞動後來才成為遊戲[1]。在難以進入的拉斯科洞穴中，究竟四處佈置的奇妙壁畫，其終極意義是什麼？這些洞穴是昏暗的祭祀所，微弱的火把點亮它，裡頭的壁畫確實可能魔法般召來其所再現的死去鳥獸。但這些動物迷人之美，雖已被遺忘千年，仍保有其最原始的意義：誘惑與熱情、不思議的令人屏息的遊戲之意義，支撐著對成功的慾望。

本質上，這些洞穴祭祀所是遊戲競技場。洞穴的首要之用是狩獵，由於畫作的魔力，也或許由於造型之美：畫作越美，魔力就越增。但氛圍縈繞的洞穴中，誘

1 在本書的範圍內，我無法把勞動之原初及決定性的特性闡釋得更清楚。

惑，深沉的遊戲之誘是最顯著之事，於此意義下，才合理詮釋出狩獵獸像與人類情色圖像的關聯。這樣的關聯確然無偏頗，且更應該乞靈於機運（le hasard）。而的確，最重要的是，這些昏暗洞穴實際上於其深處祝聖了（consacré）遊戲——遊戲是勞動之對反，遊戲的本質尤其聽令於誘惑，尤其回應著**激情**。但原則上，史前洞穴壁上所彩繪或所描製的人體造型，其引介的激情就是情色。更不用說那拉斯科地窖壁畫上的死者，許多如是藝術中的男性形體都是性器勃起的。甚至有位女性形體赤裸地展現著慾望。最後，拉塞爾（Laussel）地區一處岩壁下，一對戀人的畫像露骨地再現著性交。最早的自由帶有天堂般的本色。很可能在原初文明中，戰爭不知為何物，其簡單中帶著強而有力之物。白人來到之前，當今的愛斯基摩人也不了解自己，其文明還沒有這些根本的德性。該文明還沒來到人性至高美德的最原初狀態。但史前的多爾多涅省（Dordogne）與當今愛斯基摩人居住地的極地氣候極相似。而且愛斯基摩人的節慶之感，無疑和多爾多涅省的遠祖相去無幾。神職人員想要干涉愛斯基摩人的性自由，愛斯基摩人回道，白人到來前他們還過著如鳥吟唱般的自在生活。嚴寒，毋庸置疑難以影響情色遊戲，遠非生活在舒適圈的我們所想的那樣。愛斯基摩人即可印證。同樣地，西藏高原以極地氣候聞名，當地人則相當沉迷於情色遊戲。

早期情色也許還有天堂般的面向，我們仍可在洞穴中找到單純天真的遺跡。但這些面向並不清楚，因為其中童騃的天真已被某種沉重襲擊了。

悲劇的……再無一絲懷疑。

同時，另一開端，是喜劇的。

情色與死亡連結在一起。

而同時，笑與死、笑與情色亦是連結的……

我們稍早已介紹過情色與死亡在拉斯科洞窟深處之連結。

拉斯科洞窟裡有著某種奇異的啟示，一種基礎性的揭示。但毫無疑問，我們不應訝異於那般寂靜，無以理解的寂靜，它最初只能容納一種同樣滿載意義的神祕。

那幅壁畫中最奇特之處是失去生命氣息的死者，勃起，鳥首，幼稚的鳥頭也許晦澀，無疑就展現了可笑之面向。

那匹欺近的野牛，一頭臟器外露的怪物正在死亡中，這牛頭怪物，顯然是勃起死者於將亡之際殺戮的。

世上再無其他畫作帶有如此沉重、喜劇般的恐怖，此外更是難以理解。

時代之初浮現此絕望之謎，帶著可笑的殘酷。問題不在於解謎。但如若我們真缺乏解決的方法，我們不能就轉身逃避；無疑它是難以理解的，它邀請吾人至少要同活於幽暗深處。

這是人類拋出的第一個謎團，邀請世人下降至自己的深淵底部，因著情色與死亡而敞開了。

真沒料到這些動物圖像的源頭，偶然間，就在幾處地下藝廊乍見了。幾千年來，史前洞穴與壁畫不知何故隱匿了：成了永恆的全然寂靜。即便來到上世紀末，無人料想這些古老無比的壁畫還有機會重現天日。二十世紀初，布勒伊神父——一名偉大學者——以其權威確認了初代人類創作的真實性，這些老人類是與我們闊別已久的同種。

今日，一切攤在陽光下，再無任何疑惑。隨著地下洞窟日漸發掘，無盡的夜裡參訪者一位接一位，遊客愈來愈多：尤其被吸引到最是特別美麗、最豐碩的拉斯科洞穴。

然而，在所有的地下洞穴中，拉斯科仍是保有若干神祕的那一處。

的確，在這洞穴最幽深的裂縫中，最深也最難以抵達處（今天，依然僅靠垂降鐵梯讓人進入，至少讓一小群人同入而已，多數參訪者都不知這底部，或最多透過翻拍照知道而已……）；裂縫底部，現今習稱的「地窖」處是如此難以抵達，於此我們撞上最驚詫與最是奇譎的召喚。

一個差不多死透的人，四肢橫躺，他面前有一隻巨大、不動的、帶威脅性的動物。動物是頭野牛，散發出的威脅比牠的死亡更加沉重：其帶傷，肚破腸流、臟器外露。很明顯是那名橫躺者先以長矛殺死了牠……。但那傢伙又不太算是人，他頭是鳥首，前有鳥喙。這幀照片中還有一樁難以合理化的矛盾事：死者的性器正勃起。

正為此事，這場景有了情色的特質；此特質是如此明顯，被清楚強調，但無解。

因而，在這難以進入的裂縫中揭露了一個——晦澀的——卻被遺忘千年的劇碼：它重又浮現，但沒有脫離晦澀。它自我揭露，然而，又自我遮蔽。

被揭露的瞬間，就是它被遮蔽之瞬間……

在這封閉的深處確認了一種矛盾的一致性，於無法企及的晦澀中，此一致性比它所顯露的要沉重太多了。這是死亡與情色中，根本的與矛盾的一致性。

無疑，此一真理持續自我確認。無論它如何確認自身，此真理仍是隱蔽的。這是死亡與情色兩者的本性。事實上二者皆隱蔽自己：自我隱蔽的同時它們也揭露自己。

我們實在難以想出更晦澀的矛盾，好更佳確認自己的思想錯亂（le désordre des pensées）。

吾人能想到比這裡更錯亂的地方嗎——這洞窟遺落的深處，從未有人棲息，即便在智人種生活於世的最早期就遭遺棄[1]。（我們也知道父祖輩於那時曾遊蕩至地窖深處，他們曾不惜代價，用繩子垂吊下降……）[2]

「地窖之謎」肯定是最沉重的，與此同時也是我們智人種中最戲劇性的謎題之一。遠古以前所出現的謎題反映了此一事實，首先，其呈現的極度晦澀性讓人吃驚。但最終，這無法穿透的晦澀性即是謎題的根本特性。若我們承認此一矛盾的原則，地窖之謎奇特又完美地回應了根本的、迢遠的謎團，是遠古人性遺留給今日人性的——於其自身最晦澀的謎團，那麼，一時之際這地窖之謎可說饒富意義。

這初始的神祕是否真是沉重？其自身是人類降臨於世、開端的神祕？同時將情色與死亡相連結的神祕？

事實是，介紹此謎團是徒勞的，根本的謎團以最暴力的形式呈現著，脫離了眾所周知的脈絡，且出於人性的架構，此脈絡仍是一個被遮蔽的原則。

人類心智將它隱藏起來以致它仍被遮蔽。

對我而言，面對著這幾乎難以到達深處的「可能之極致」（l'extrême du possible），眩目地揭露自身的對反面，它仍然被遮蔽著……

所謂的對反尤是：

猿人的無尊嚴，牠不笑……

人的尊嚴，他倒是可以「剖腹」大笑……

---

1 大約距今一萬五千年前。

2 在拉斯科洞穴中，也發現了一段繩索。

感官的貪歡與大笑，都是悲劇的共謀——即死亡之基礎……
直立姿與連結著蹲姿的肛門口，既親密又對反……

古希臘酒水罐（戴奧尼索斯與女信徒〔maenad〕）
（約西元前四四〇年）

第二部分　終結

（從古代到現在）

石器時代（mésolithiques）[1]的中介期之後——那時，才有人類互鬥殘殺的首次記載。西班牙半島黎凡特（Levant）地區的一處岩壁壁畫再現了弓箭手間的激烈戰鬥[2]。此壁畫據信最久可追溯至一萬年前。補充一點，從那時起，人類社會就沒有停止過致力於戰爭的實踐了。可思索的是，舊石器時期的謀殺——我指的是個體間的謀殺，不該被漠視。但此問題並非敵對的武裝陣營試圖滅絕彼此。（就算現在，謀殺，在愛斯基摩人中亦是特例，一如舊石器時代的人類，這兩者都與戰爭絕緣。現今愛斯基摩人住在寒帶，其氣候整體上相似於人類洞穴壁畫時期生活的法國地區。）

儘管事實上，原始戰爭從最初始就是兩集團間的相互抗拮，但可信那並非以系統性方式來執行的。今日已考掘出非常多原始戰爭的形式，如若以此判斷，原初問題並非是為了獲得物質利益。

戰勝者滅絕落敗的那一方。戰鬥後，他們屠殺敵方的倖存者、俘虜及婦女。但毫無疑問，戰事結束後，勝利者會收留兩性孩童，並將之視為自己的子嗣來扶養。按吾人所知，這跟今日原始民族（modernes primitifs）的執行相一致，戰爭唯一的實質好處就是戰勝方隨之的群體擴增。

2. 奴隸制與賣淫

許久以後——雖然我們對轉折的時間點毫無所悉——戰勝者才體認到將囚犯貶斥為奴隸以供使用的可能性。這種可能性立即被激賞，勞動力既增加又減低了維繫

1 「中石器」這字指的「中間之石」，介於「舊石」（舊石器）與「新石」（新石器時代）或「拋光石」之間。

2 拙著《情色論》中有此圖的複製。見圖六，（該書）頁一一二。

群體生存所需的努力。新石器時代發展出來的畜牧業和農業因此受益於勞動力之提高，這讓戰士相對地安適。他們的首領完全無所事事……

戰爭與奴隸制出現前，文明之孕育一直仰賴本質上平等的自由人之活動。但奴隸制源於戰爭。奴隸制促成將社會分化為對立階級。透過戰爭與奴隸制，戰士聚集了大量財富，只是要先將自己的生命置於危殆，接著把屬下性命拖下水。情色之濫觴，是先於人區分為自由人及奴隸之前。但某方面來說，情色的歡愉則取決於社會地位及財富占有。

在原始條件下，情色的樂趣是源自於男性魅力、體力活力與智能，以及女性的美貌與青春。對女性來說，貌美與青春仍是決定性的。但衍自戰爭與奴隸制的社會則加劇了特權的重要性。

特權者使賣淫成為情色的正常管道，使之依附於個人權力與財富之下，並詛咒它終以謊言告結。我們絕不能被以下所誤：從史前時代到希臘羅馬的古典時期（l'antiquité classique），性生活走偏了，它因戰爭與奴隸制而變得僵化。婚姻是為必要的繁衍保障了一席之地。自從男人愈有自由得以脫繮離家，那時開始，婚姻就愈岌岌可危。即便今日，人性幾乎也沒逃離這個枷鎖……

3. 勞動之優先

長遠看來這已證明是一樁根本事實：擺脫舊石器時代的悲慘後，人類倒迎上了原初都未曾見識的罪惡。顯然，戰爭實踐可回溯至新時代之始[1]。按此主題，我們

1 接近舊石器時代的末期，可能是從舊石器到新石器時代的過渡期，即中石器時代（編按：請參見中文版第八十七頁註釋一）。

所知模糊，但原則上，戰爭的臨到必然標幟著物質文明之衰退。舊石器時代晚期的動物藝術——持續了約二萬年——消失了。至少它從佛朗哥—坎塔布連（Franco–Cantabrian）地區消失了[1]：再無它處有這般美麗、雄偉的藝術能替代之。至少吾人不知……

人類生活脫離原初的簡單性，選擇了詛咒的戰爭之路。由毀滅性的戰爭，從征伐到自墮惡果，自戰爭引出了奴隸制，也招致賣淫[2]。

十九世紀初，黑格爾嘗試說明，以奴隸制為濫觴的戰爭，其後果也有裨益處[3]。根據黑格爾的說法，當代人與初代的貴族戰士少有共通點。原則上，當代人都是勞動者。普遍來說，富人自己、統治階級要勞動。或多或少都要勞動……

無論如何，是奴隸而不是戰士，是透過了奴隸的勞動改變了世界；並且最終奴隸也透過勞動改變了自身的本質。勞動改造奴隸如此之大，以至於他成為文明財富唯一且真正的創造主；尤其，智識與科學，皆是奴隸被迫付出努力的果實，他們的首要工作就是回應主人的命令。因此，吾人必須指明，勞動產出了人。那些不勞動的人，被勞動之恥辱所宰制的人——古代政權的富豪貴族，或現今擁有私人資產的人——僅只是陳跡。當代世界享有的工業財富，是幾千年來那些被奴役的多數人所勞動的結果，他們是不快樂的多眾，自新石器時期起便由奴隸及勞工所組成。

從此以後，勞動在世上決定著一切。戰爭本身首要帶來的工業問題，是工業獨自決定著的問題。

但那些從戰爭中得勢，閑晃度日的統治階級，他們日漸懶散，削弱了自己的重要性，向下衰退至現今的狀態（那些將繁瑣、艱難的工作丟給他者的人終將被此

---

1 大致是法國西南部和西班牙北部（編按：請參見中文版第七十頁）。

2 即便賣淫原初不必然是有辱人格的形式（這是宗教賣淫、神聖賣淫的情況），它還是很快就從奴役慘況走向**底層的賣淫**。

3 見《精神現象學》（*La Phénoménologie de l'esprit*）（一八〇六年）。

真正詛咒所困擾）。不論在哪兒，貴族階級都快速地自甘墮落。這是十四世紀一名突尼西亞的阿拉伯作家得出的公式。根據伊本・赫勒敦（Ibn Khaldoun），戰勝者只要採納了城邦生活，終有一天會被游牧者征服，後者艱辛的存活使自己能維持在戰鬥所需的水平。但我們必須將此公式應用到更廣泛的領域。按通常慣例，財富的使用，長期來看將讓窮人那一方更加反彈。一開始，最有錢的人享盡優渥的物質資源。羅馬人能維持統治，是因為他們長時間占盡軍事技術的優勢。但，因著蠻族作戰資質提高，而羅馬士兵人數減少，有一天優勢就消失了。

而且作戰時，軍事優勢只在一開始派上用場。被剝削階級獲取的物質文明有限，但得利於道德的活力，得到穩固的持久優勢，此活力是特權階級所缺乏的，即便後者在物質上擁有力量。

現在，我們必須轉向情色的問題，其重要性無疑是次之的……，但它在古代的地位隆崇，如今已喪失。

4. 論下層階級在宗教情色發展中的角色

只要情色在古代有其意義，只要它在人類活動中還有其角色，就不會總是貴族才引領風騷——貴族是指在那時代獲得財富特權者[1]。的確，尤其活在貴族陰影下的一無所有者（**sans-avoir**），他們在宗教上的浮躁決定了情色的意義。

當然，財富也扮演著角色。婚姻及賣淫，意味著占有女人須仰賴錢財：某種程度上這已是穩固的形式。但在這古代情色論的一瞥之中，首先，我必須考慮宗教情色，特別是酒神的縱慾宗教。酒神教派裡，原則上金錢沒有任何重要性，或只有次要地位（就像體內隱疾）。那些參加酒神縱慾儀式的人多是一無所有者，有時候甚至是奴隸。因時應地，社會階層與財富變動著（我們幾乎不了解全貌。況且我們從

1　至少在希臘，不被有錢人支持的血統，便不具法律地位。

未有明確資訊）。

這個似乎沒有統一性而普遍放縱的活動，我們是無法具體道出其重要性的。沒有任何一統的酒神會堂，儀式因時地而變。除了不確定性，我們一概不知。

沒人在意要讓後世知悉。也沒有前人能夠刻意、精確地如此行。

我們只能肯定地說，至少羅馬帝國最初幾世紀之前，絕爽作樂的貴族在這宗派並沒有重要角色。

最初，希臘剛有酒神節慶（bacchanales）時，看來似乎相反地，具有超克情色爽樂的意義。戴奧尼索斯的習俗一開始就是宗教暴力；它是一個狂暴（embrasé）的活動，一個喪失自我的活動。整體來說，這個活動鮮為人知，以至於希臘劇場與酒神崇拜間的關聯是難以釐清的。但悲劇的起源似乎就與此暴力崇拜相連結，這一點也不讓人意外。酒神崇拜，本質上就是悲劇的。同時，它也是情色的，於譫妄失序（désordre délirant）之中確實如此，但我們知道，只要酒神崇拜是情色的，它就是悲劇的。其悲劇性最是要緊，情色最終會將之帶往悲劇性的恐怖。

5. 從情色縱笑到禁忌（L'interdit）

只要思索到情色，人類的精神就會面臨其根本的困難。

某方面來說，情色是可笑的……

情色暗示總是有力量挑起嗤笑。

尤其當我說到愛神的「眼淚」，我知道，自己也會忍不住笑出來……愛神仍是悲劇性的。我意指為何呢？愛神，首要是悲劇之神。

我們知道古人的愛神有其天真的一面：他有張小孩子的臉。

〈維納斯哀悼阿多尼斯之死〉（Venus Lamenting The Death Of Adonis），班傑明．韋斯特（Benjamin West）（一七六八）

〈維納斯泣悼阿多尼斯之死〉(Venus Weeping Over the Death of Adonis),康尼利斯・霍爾斯坦(Cornelis Holsteyn)(一六五五)

但到了最後，愛情還能讓我們發笑，這種愛不是讓人更痛苦嗎？情色的基礎是性行為。現在，此行為遭到禁忌。這是令人無法想像的！做愛是「禁忌」！除非你偷偷地進行。

但如果我們偷偷地進行，此禁忌便形變了，它以既淫穢[1]又神性的光芒去照亮所禁之物：簡單地說，禁忌以一種宗教之光去照亮性行為。

禁忌賦予了它所禁之物自身的價值。常常，我反問自己，如果我沒有被虛偽地擺弄，於克己之際我是否還會如此做！

禁忌賦予意義給它所拒之物，而禁忌的行為本身並沒有這層意義。禁忌召喚了踰越，無此踰越，禁忌的行為就不會有那誘人的邪惡之光……在禁忌的踰越中蠱惑了……

不只情色會釋放這種光芒。每當完全的暴力開展，當死亡切開受害者咽喉——

且結束其生命——的暴力發酵之時，此光芒就會照耀宗教生活。

神聖！

進一步來說，此字的音節背負著極度痛苦，它所承載的重量正是**獻祭**中死亡的重量……

我們整個生命都背載著死亡……

但對我而言，最後的死亡有一種奇異的勝利感。我沐浴在死亡之光中，它開啟我裡面一種無窮無盡愉悅的笑聲：消亡（disparition）之笑！

………………………………………………………

………………………………………………………

---

1 淫穢之光照，就像犯罪之光照一樣，是陰鬱的。

如果我不在這些句子裡，讓死亡毀壞存在之感縈繞我，我就不能談論「小死」，小死讓我陷入一種勝利的傷感，卻不會真的死去！

6. 悲劇的情色論

總之，情色比吾人一開始被導向認識的要多太多了。

當今，無人認清情色就是一個瘋狂世界，遠超出其醚（éthéré）一般的樣式，它的深度是地獄性的。

我的見解曾以抒情形式來提出，這能肯定死亡與情色之連結。況且我堅認：若沒有將其遽然的深度顯示給我們，情色的意義就逃離了。情色首要是最動人的實在；但同時，它卻也是最卑賤的。也就在精神分析之後，情色的矛盾面向也以無數方式顯現；其深奧是宗教性的——它恐怖、悲劇、終究難以啟齒。因為其神性（divine），無疑更是如此……

簡化現實對人類整體而言是種限制，相較之下，情色則是一迷途之人會顫抖的惶悚迷宮。戰慄（le tremblement）：這是接近情色真理的唯一法門……

史前人類對這件事是了然於心的：當他們將自己的亢奮連結到那些深藏拉斯科洞穴的畫作時。

酒神的信徒能將自己的衝動連結到酒神女祭司們（bacchantes）的衝動，當酒神信徒意識到他們沒有自己的孩子時，就用牙齒撕裂、生吞小活羊[1]……

---

1 我現在可能會被誤解……但事不宜遲，我須將拙著中的其他章節引介給讀者。

7. 節慶的踰越之神：戴奧尼索斯

在這點上，我想要解釋情色的宗教意涵。如不能窺見情色的**宗教**意涵，便無法知曉情色論的意義！對反地，如若忽視了宗教與情色之連結，便無法知曉宗教整體的意義。

首先，我要試抒己見，賦予宗教一個與其原則、其起源相符應的形象[1]。宗教的本質就是反對那些有罪的行為，就是被禁之行為。

原則上宗教禁忌拒斥了特定的行為，但它同時也為所拒斥的行為賦予了價值。有時甚至可能、甚或規定要違反禁忌、去踰越之。但更重要的是，禁忌決定它所拒斥之物的價值——原則上是危險的價值：粗略來說，這就是《創世紀》第一章「禁忌的果實」之價值。

此價值於節慶中再次出現，過程中通常被排除在外的，再次被應允甚或被需求。在節慶中，正是踰越賦予了節慶其美妙面向，它神性的面向。眾神之中，酒神是本質上與節慶相連結的。酒神是節慶之神，宗教踰越之神。祂最常被視為葡萄酒神與醉神。戴奧尼索斯是一名醉酒之神，這位神祇之神性本質就是瘋狂。但首先，

1 只有透過對宗教意義之原則的肯定，酒神宗教的整體闡述才格具意義。以道德來理解宗教是平庸的，這通常會使得行為的價值落在其結果上。但在宗教裡，行為本質上有其立即性的價值，一種神聖的價值。當然有可能（也是重要的）把神聖價值視為有用之物（這種情況下，人們把此價值當作力量）。但於其根本原則中，神聖價值仍是維持著立即性的價值：只有在形變的那瞬間它才有意義，那一瞬間人類明確地由使用價值進入到至高之價值，此價值免於超出那一瞬的任何影響，基本上就是一種美學價值。康德知道問題何在，但似乎有一種逃避內建在他的論述中（如果他沒能見出自己的立場預設了，於任何判斷之前，對效益有了先天之認定，是違反效益的）。

瘋狂於其自身就帶有神性的本質，意即，神性否定了理性的法則。

我們習慣將宗教與律法以及理性相結合。但如果吾人堅持就宗教**整體**來思考，我們必須拒斥此一原則。

毫無疑問，甚至宗教的根基就是顛覆性的：它背離法律之遵守。至少，宗教所訴求的是極度（excès）、犧牲及節慶，而以狂喜為峰頂[1]。

8. 酒神的世界

試圖將驚人形象加諸給宗教情色時，我被導向了極端複雜的思考。有關宗教與情色之聯繫問題是相當沉重的，因為大致上，當今蓬勃的宗教都樂於否認或排斥兩者同在。說宗教譴責情色是司空見慣的，而基本上於其起源中，情色是與宗教生活相關的。我們當代文明中的個體化情色，的確是因為其個人化的特色，不再與宗教有任何關聯——除非是嚴譴情色的混亂[2]，視之悖離了宗教的意義。

然而，此一譴責是銘刻在宗教歷史裡的：情色的地位負面，但有一席之地。我於此要附加說明，我的論點所連結的發展，有義務轉到另一本著作去處理（因為無可避免的哲學性質）。的確，我已來到人類生命的關鍵時刻。情色被逐出宗教，人類就將宗教貶低為一種功利主義的道德。情色失去其神聖的特徵，轉為不淨。

1 我必須在一份快速聲明中反映出整體事實。

2 嚴格來說，仍留在基督教（或至少還留在基督教的對反者：即撒旦教）身上的模糊殘存物是一種情色的趣味；但十九世紀末的于斯曼（Huysmans）之後，撒旦教已經失去了這位作者於小說《在那兒》（*Là-Bas*）一書中所描述的主題價值。據我所知，還殘存下來的不過是一些商業組織性的喜劇。

此刻，我將自我克制，暫從酒神崇拜的整體思考中轉向，速速闡明廣為人知操作已久[1]的實踐，這些實踐讓宗教情色論成為最值得關注的樣式。

毋庸置疑，這是本質上有關執念的堅持，此執念從純然神話或儀式性存在而來。酒神是踰越和節慶之神。同時，如我所述，祂也是狂喜及瘋狂之神。醉酒、縱慾及情色是其顯露的面向，祂的特徵消解在自己的深度暈眩中。在此酒醉的形體外，我們的確可以覺察到一種古老的農業神性。在他最古的樣式中，此形體與物質及農業關切（préoccupations）相連，連結了農作生活。但很快就與田間農作者的眷注脫鉤了，而移轉到**酒醉**與**瘋狂**的失序上。起初，酒神並非葡萄酒之神……。西元前六世紀的希臘，葡萄文化還不具備後來那樣的重要性。

酒神的瘋狂實際上是一種克制的瘋狂，留存其犧牲者之益：死亡甚少是結果……。酒神女祭司的狂熱達到沸點後，只有撕裂活童，她們自己的小孩，似乎才能回應這種失序。無疑地，我們不能確定如此的「極度」真的在儀式中實現過。

但若無自己的孩子，譫妄女祭司就會撕裂生吞小羔羊——童羊的痛苦哀嚎與嬰孩的啜泣聲相去不遠[2]。

雖然我們知道酒神節的狂放脫序（déchaînement），但無法確知它是如何發展起來的。必然有其他元素參雜其中。色雷斯人錢幣上發現的圖像，有助於我們想像主宰進入縱慾過程的精神失序。這些硬幣只呈現酒神節古老的面向。接下來幾世紀，繪畫於花瓶上的圖像，有助我們見證這些儀式的模樣，放蕩是這些儀式的要素。另一方面，這些較晚的圖像也讓我們理解到變化發生了，起源之初慘無人道的暴力消失了。龐貝城神祕別墅（villa des Mystères à Pompéi）的美麗畫作讓我們遙想第一世紀高尚儀式已達之輝煌。據我們所知，關於公元前一八六年李維（Titus

---

1 至少已有千年。六世紀的酒神教很有可能已是久遠古風的遺緒。如我所言，大致上，撒旦教也極有可能與酒神教派的持續存在有關。

2 當我猶是孩童時，聽到屋前的哀嚎聲——小羔羊正落入屠夫的利刃之下——，我心就充滿苦痛。

Livius）所載的血腥鎮壓，是基於某種可疑的指控，以作為政治運動的基礎，來削弱靡靡的外族影響力。（義大利有個拉丁酒神，里貝爾神〔Liber〕——但戴奧尼索斯崇拜有自東方輸入的意味。）塔西陀（Gaius Cornelius Tacitus）的指稱與佩特羅尼烏斯（Gaius Petronius Arbiter）的敘述讓吾人咸信，或至少部分相信，酒神實踐已墮落到粗俗的縱情酒色了。

一方面來說，酒神在羅馬帝國最初數百年是如此受歡迎，我們相信其教派可能被認為是基督教的危要敵人。而另一方面，後期較為守規矩的酒神教，一個中庸的酒神教之存在，似乎說明了，對混亂失序之恐懼迫使那些酒神信徒拋棄了早期的劇毒。

II 基督教時代

1. 從基督教之譴責到病態之超昇（或從基督教到撒旦教）

基督宗教在情色史上所扮演的角色是：譴責它。當基督教愈發掌管世界後，更試圖讓世界擺脫掉情色。

但要道出這最終結論，世人顯然都會尷尬。

基督教某意義上讚許勞動的世界。它犧牲了爽樂，以此為代價來增值勞動。無疑，基督教將天堂變成即時——同時也永恆——滿足的王國。然而如此行徑是為了讓辛勞的最後成果立即啟動。

某種意義上，基督教是讓辛勞的結果——主要是古代世界的辛勞——連結成為工作世界的序幕。

眾人皆知，即便在古代世界裡，宗教之目的一日比一日更側重死後的生命，最終結局被賦予至高價值，且當下就獲致這個價值。但基督教堅持。只要與最後的結局相較，即時爽樂就被加諸一種罪性之感。從基督教的觀點來看，情色會折衷或至少延後那最終的結局，即天堂。

但此動向有其搭配面：透過譴責，基督教才獲得其發光的價值。

也就是透過撒旦教（Satanisme）。撒旦教，是基督教的否定面，只要基督教看似為真，它就有意義（然而最終，基督教的否定恰是追求全然地忘卻）。

撒旦教有其重要性——特別是到了中世紀末期後——然而，撒旦教因其起源被剝奪了生存能力。情色必然與此戲碼有關。撒旦教命定咒詛它的信徒要同遭厄運，同一詛咒中，撒旦就是首位犧牲者。撒旦，似乎也有權力去施予好運的，但這假象最終讓人失望了：無疑地，出錯也是可能性之一。宗教法庭有導正的權力……

若無**好運**，情色論無可避免就會以對立的厄運作結，好運只能在伎倆中尋求。但用伎倆，情色便會失之恢宏（grandeur）：它會被貶為欺騙。最終，情色的欺騙看來就像本質。戴奧尼索斯的情色論是一種正面的肯定——就像所有的情色一樣，某部分它是施虐式的——但在相對的欺騙中，肯定就愈來愈不坦率了[1]。

1 但有一個首要的例外：薩德。稍後我還會談論他。

2. 情色在繪畫中的重現

中世紀在繪畫中替情色論安排了一個位置：情色被貶謫為地獄！[1] 此時期的畫家替教會效勞。而且，對教會來說，情色即罪。繪畫中唯一能介紹情色的面向就是譴責它。只有地獄的圖像——特別是作噁的罪惡之形象——才應允情色占一席之地。

文藝復興之後，事有轉折。改變尤在德國，甚至在中世紀的形式被拋棄前，那時候起，業餘玩家便開始購買情色畫作。那時代裡只有富豪才有辦法下訂世俗畫作。版畫稍微便宜些。但就算是版畫，也不是大眾負擔得起。

諸般限制必須被列入考量。這批繪畫和版畫所反應給人們的激情都是扭曲的。這些繪畫和版畫並不似中世紀圖像那般，以相同的方式去回應大眾的集體反應。但畫家自己已屈從於激情之暴力：暴力能嬉戲於此稀有之天地，由此開展出降生於黑夜的藝術。

我們的確必須將諸般限制納入考量。某方面而言，這些畫作——或這些版畫——所反應給我們的激情是扭曲的。這些畫作、版畫並不似中世紀圖像那般，以相同方式傳衍出共通的情感（un sentiment commun）。但激情的暴力仍大肆嬉戲於宗教世界之黑夜所催生的情色藝術裡，這殘喘的世界虔誠詛咒著所有肉慾的創作。

---

1 於繪畫中見地獄之再現。但丁本人將情色降格到地獄中。但在他的詩作中，保羅和弗朗西斯卡（Paolo et Francesca）於地獄深處企及了崇高的愛情。

〈鋸刑〉（The Saw），老克拉納赫（Lucas Cranach the Elder）（一五一二）

杜勒（Albrecht Durer）、克拉納赫（Lucas Cranach）和格里恩（Baldung Grien）的畫作仍見不得光。正因如此，他們的情色價值觀某方面是苦刺的。一個準備好要迎接他們的世界還沒到來。其中見諸了一種忽隱忽現，甚或發熱的光芒。克拉納赫畫中裸女的大圓帽明顯地反應了某種挑釁的執念。今日的世人是這般輕浮，遭誘，要去嘲笑之。但，當見到一個傢伙雙腳倒懸被拷打，赤裸的跨下正被一柄長鏈鋸開，我們該有超乎育樂之感……

自彼時起，一種疏離又愈加野蠻的情色論來到世上了，人們發現已是面對情色與施虐狂的恐怖同盟了。

跟克拉納赫及格里恩的作品相較，杜勒畫作中，情色與施虐狂幾乎沒有關聯。但就是在死亡中——全能的死亡之形象，讓人畏懼，但又引導著我們進入巫術恐怖的魅惑之感，而就是這樣的死亡，讓格里恩將情色之引誘連結至死亡之朽，而不是

〈奧菲斯之死〉（The Death of Orpheus），
阿爾布雷希特・杜勒（Albrecht Durer）
（一四九四）

連結到苦痛。不久後，這些結合消失了：矯飾主義讓繪畫從這些結合中解放出來！而一直要到十八世紀，一種確信自身的情色論：放蕩的情色，才會站上舞臺。

3. 矯飾主義

所有情色派畫作中，對我來說，最誘人的就是被命名為矯飾主義的畫派。矯飾主義目前已鮮為人知。義大利的矯飾主義始於米開朗基羅。法國的楓丹白露畫派則完美地代表了矯飾主義。無疑地，除米開朗基羅外[1]，矯飾派畫家少被欣賞。整

1 米開朗基羅及格雷考除外。但我在此處只談論了情色矯飾主義，似乎對我而言，情色觸及了矯飾主義的最本質。因此，我必須談論格列柯多大程度上與矯飾主義相關。他與矯飾主義之相關，就如同福利尼奧的聖安吉拉（sainte Angèle de Foligno）或阿維拉的聖特蕾莎（sainte Thérèse d'Avila）之神祕主義與衰微的基督

〈女人與哲學家〉（The Woman and the Philosopher），
漢斯・巴爾東・格里恩（Hans Baldung Grien）（一五一三）

體來說他們籍籍無名。楓丹白露畫派在藝壇上是該另有地位。而且卡隆（Antoine Caron）[1]、普斯朗格（Bartholomaeus Spranger）和范哈勒姆（Van Haarlem）的名字都該留存青史，然而他們或多或少已遭遺忘。楓丹白露畫家喜愛「古怪天使」（ange du bizarre），這批畫家們復興了感官的強度。古典主義則蔑視他們。但，要不是害怕萬物非永存，至少是害怕萬物將來不再永存，那清醒又意味著什麼呢？基於相同原因，格雷考（El Greco）本人也不再讓人注意了。的確，大部分的矯飾主義者並無格雷考那種暴力——但情色傷害了他們。

教之相關，對未來的關注——本質上是基督教的根基——但它衰微了，為塵世時間留下了可被關注的空間（我所談的回應了暴力，回應了強烈的情色）。

1 安東尼・卡隆（Antoine Caron，一五二〇年生於博韋〔Beauvais〕，一五九八年卒於巴黎）於普利瑪提斯（Primatice）指導下接受楓丹白露學派的訓練。其繪畫與尼古拉・阿伯特（Niccolo dell'Abate）的風格相繫，但其「瘋狂」遠遠超出了師輩與啟發者的框架。

此外，我也觀察到其他（若非較不執著就是較不大膽的）畫家也在同一個時期、沿著相似的路徑浮上檯面。丁托列托（Tintoretto）是格雷考的老師，如提香（Titian）實際上就是丁托列托的老師。但某方面來說，因為在義大利（特別是威尼斯），古典主義及其式微沒那麼明顯，所以提香——及丁托列托——的矯飾主義和情色論就少受到干擾。然而格雷考的矯飾主義大大震撼了十七世紀時的西班牙，以至於這個歐洲最怪異的畫家之一，其盛名維持了大約三個世紀之久才消退。在法國，格雷考的極度（excès）從未激起任何波瀾，但普桑（Nicolas Poussin）對情色之執念，原則上是對立於他自己的古典主義的，很顯然都被大家接受。如果他曾經背叛他自己的古典主義，尤可在一張他棄用的草圖裡找到證據。

〈維納斯〉(Venus),提香(Titian)(一五三八)

4. 十八世紀的浪蕩與薩德侯爵

十八世紀浪蕩的法蘭西有了劇烈改變。十六世紀的情色論太沉重了。它只能與譫妄的施虐症攜手同行，在卡隆的畫作裡就印證了。

布雪（François Boucher）畫作中的情色轉向輕盈。輕盈只能在那裡開啟通往沉重之路……有時舞臺上的笑聲是為了殺戮而設的。但彼時的情色論無知於恐怖，不知道那僅是序曲。

布雪從未見過薩德。終其一生，薩德從未停止執迷那極度恐怖之物，不論那究竟是什麼——他著作裡的駭人故事由此而來——薩德能笑啊（Sade pouvait rire）[1]。

---

1 《閨房中的哲學》（*La Philosophie dans le boudoir*）是一本逗樂之書：將恐怖與說笑聯繫在一起。

〈抹大拉的馬利亞〉（Mary Magdalen），巴多隆姆．史潘傑（Bartholome Spranger）（十六世紀初）

〈梅杜莎〉（Medusa），
彼得・保羅・魯本斯
（Peter Paul Rubens）
（一六一七）

〈馬克白三女巫〉（The Witches〔Macbeth〕），亨利．福塞利（Henry Fuseli）（一七八三）

〈夢魘〉（The Nightmare），
亨利・福塞利（Henry Fuseli）
（一七八一）

〈老女人〉(The Old Women),
法蘭西斯科・哥雅(Francisco Goya)
(一八一〇)

但我們知道，從馬德隆內監獄（Madelonnettes）移監到彼克寓監獄（Picpus）的途中，若非餤月革命（thermidorienne），薩德早就命喪絞刑架上了，薩德看傻眼了，革命黨人所發動斬首的那些景象[1]……。但他自己的性命呢！薩德被囚禁了三十年，無數夢魘的孤獨伴隨他：充斥淒厲尖叫與染血之屍的夢魘。薩德殘度餘生，靠想像難以忍受之物來殘度己命。惴惴不安有如一場爆炸將其撕碎，且讓他窒息死亡。

5. 哥雅

孤寂悒鬱所帶給薩德的難題，並非透過無止盡的書寫遊戲就可以克服的。只有幽默，才是人類生命終極問題的解方。克服恐怖之可能性的唯一回應就是熱血衝動（le mouvement du sang）。每一次回應，就是乍然躍入幽默，沒別的意思，就只是躍入幽默而已。我本是可以從薩德的語言中析取出通往暴力的運動（雖然薩德的晚年讓人相信，當死亡臨到時，罪的疲憊感捆綁了他[2]）。

這個問題並非把合理跟不合理的領會方式並置對照。這問題並置的是矛盾的神經質狀態，最終要不以鎮靜劑，要不以興奮劑去處理……

此問題仍縈繞在世人身上。只留下一個可能性：以狂怒（fureur）為例，去對照悒鬱恐怖之例。薩德與哥雅大約存活於同一個時代[3]。薩德，被關在監獄，常介於瘋狂的界限上；哥雅，聾了三十六年，也被關在一間絕對耳聵的牢房裡。法國大革命喚出了這兩人的希望：兩人都病態地憎惡以宗教為本的政權。但特別是對極度

1 人們在監獄中庭架起了斷頭臺。

2 見《情色論》。

3 晚薩德六年，哥雅出生於西班牙，遲薩德十四年，哥雅逝世於法國。一七九二年，哥雅在波爾多遭受到全聾的打擊……

痛苦的執念讓兩人相結合。哥雅與薩德不同，他並沒有將痛苦連結到感官貪歡。然而，哥雅執念於死亡及痛苦，讓他痙攣般暴力，使其死與痛看來就像情色。但情色某程度上是出口，恐怖的污名的出口。哥雅的夢魘，如其耳聵將其囚禁了，人道上很難說，是薩德或哥雅被命運更殘酷地囚禁。但毫無疑問，薩德的反常中仍有人性之感。至於哥雅（但他的確也沒犯任何法），他的版畫、素描及畫作都達致完全的離經叛道（也因此，整體來說，薩德停留在律法的界限內[1]）。

6. 吉爾・德・萊斯（Gilles de Rais）與巴托里・伊莉莎白（Erzsébet Bathory）

薩德知道吉爾・德・萊斯，並讚賞這個男人剛硬如石。這樣的剛硬最是非凡：

「當小孩終於死去，吉爾・德・萊斯會親吻他們……並從當中挑選出最俊美、最端正的幾個，他會將孩子擺放欣賞並殘忍地切開他們的身體，飽覽小朋友體內器官的景象。」

這些字詞永遠奪去我不顫抖的可能性：「而且……常常當那些孩子瀕死的時候，他會坐上他們肚子，樂看他們就這樣死掉，然後他會和（僕人）柯瑞勞（Corrillaut）、亨利特（Henriet）發笑這一切……」最終，為要興奮致極，德・萊斯殿下會喝個爛醉，酩酊如泥。僕人則把房間清理掃淨，洗掉血痕……，當主人睡覺的時候，僕人著手焚燒一件又一件的衣裳，他們說要去除「作嘔的味道」[2]。

---

1 然而，在監獄中、以及更後來的階段，薩德唯有寄託於書寫，並透過想像才能撫慰自己。今日，馬賽事件無疑會招致終身監禁，卻不會導致如此嚴重的後果……

2 參見《吉爾・德・萊斯的審判》（*Procès de Gilles de Rais*）。

毋庸置疑，如果早知有伊莉莎白這號人物，薩德會體驗到最強的大歡喜（la pire exaltation）。薩德所知道的巴伐利亞的伊薩博公主（Isabeau de Bavière）已讓他欣喜若狂；伊莉莎白則會讓他嚎叫如獸；而我，只能在這本書裡說嘴，只能在眼淚的標記下做作。寫下這些淒清文字時，我的意識遠非伊莉莎白這名字所該召喚出的冷血譫妄。不是悔恨，也非如薩德心靈中那慾望之怒。這關乎的是再現人類究竟是什麼（la représentation de ce que l’homme est vraiment）的萌芽意識。面對此再現，基督教避而不見。無庸置疑，人類整體必須永遠對此避而不見，但人類意識是驕傲是謙卑的，是懷有激情且是在戰慄中的——都必須向最繁盛的恐怖敞開。即便今日，薩德作品已能被任意閱讀，並未改變罪行的、甚至是施虐罪的數量——但這已讓人性對自我意識整個敞開了！

7. 現代世界的演化

我們很清楚，意識是唯一的題目。此書對其作者而言，只有一個意義：**它開啟了自我意識**（conscience de soi）！

薩德和哥雅之後的時期失去這些尖銳的層面。標誌著此後再也無法企及的高峰。這樣說也許太草率，但終究人性漸趨溫馴。雖然後續幾世紀以來的戰爭並沒有印證此點……，然而確實如此，吉爾．德．萊斯從未表白自己的行事原則，之後的薩德侯爵雖有表白、但從未真正付諸實踐，暴力可見是衰退了。在吉爾．德．萊斯的堡壘裡，他凌虐、殺害了幾十個孩子，也許甚至數百名。一個多世紀後，一位出身高貴的女士，巴托里．伊莉莎白，在她匈牙利城堡牆壁掩護下，殺害了年輕的女僕，以及後來的貴族少女。她以極度之殘忍幹下這些。原則上，十九世紀不那麼暴力。的確，二十世紀戰爭所帶來的印象是：狂放脫序大增。但不管恐怖可能如何無邊無際，這種狂放脫序仍是有尺度的：它是紀律之下的恥辱！

戰爭日益殘酷、紀律窒息，就減少了惡名昭彰的發洩及暢快的成分，這些都是勝利者在過去戰爭中所享受的。相反地，增添在大屠殺之上的，是陳腐的恐怖，集中營中滅頂的恐怖。蓄意的恐怖採取壓抑之義：我們這個世紀的戰爭是機械之戰，戰爭已變得老態龍鍾。世界終於讓位給理性。甚至在戰爭中，勞動成為了原則，勞動成為了根本法則。

但，隨著勞動能迴避暴力，人類在意識中獲得了他於盲目野性中失去的東西。這個新方向，尤其在繪畫中慢慢地忠實反映出來。繪畫逃離了觀念主義的死水。繪畫即便獲取了自由，來面對精確性，面對真實的世界，但它真正想要摧毀的是觀念主義。某層面來說，情色可就是與勞動相衝突的。但這個對立並不關鍵。今天威脅人類的完全不是物質上的爽樂（jouissance matérielle）。原則上，物質的爽樂是跟

〈薩達那帕拉之死〉
（The Death of Sardanapalus），
歐仁・德拉克拉瓦（Eugène Delacroix）
（一八二七）

財富的累積相牴觸的。財富之累積——至少某部分來說——有害於那本來該讓我們期待從中而得的爽樂。財富的累積導致生產過剩，而唯一可能的解套就是戰爭。我並不是說情色是對抗貧窮威脅的唯一解藥，貧窮與不合理的財富累積有關。恰恰好相反。但除非我們思索戰爭之外的耗費的多重可能性，如情色之爽樂——就是能量立即性耗費的模式——，否則我們永遠不會發現奠基於理性的出口。

8. 德拉克拉瓦、馬內、竇加、居斯塔夫．莫羅與超現實主義者

從這裡開始，繪畫有了一種開放的可能性意涵，在某意義上，更勝文學的開放性。但並未超越薩德——首先，薩德少為人知：只有特權階級能在小圈子裡讀到他稀有的抄本。

雖然整體而言，德拉克拉瓦仍忠於觀念主義繪畫的原則，但他卻轉到了一種新畫風的方向，把他的繪畫於情色層面上連結了死亡之再現。

馬內是第一個與傳統繪畫的原則決然斷裂之人，他再現了實際看到的，而不是理當看到的。這個決定引領他走到原始視覺（vision crue）的路上，一個尚未被傳統扭曲的野性視覺（vision brutale）。馬內的裸女有一種從未被慣常服裝削弱或被傳統布料遮掩住的粗鄙。同樣的情況在竇加所繪的妓院女孩身上也有，他的單版畫強調其中的唐突不得體[1]……

顯然，居斯塔夫．莫羅的畫作採取了相反的方向。他畫中的一切都是傳統的。

---

1 青年塞尚充斥著同樣性情：其畫作〈奧林匹亞〉欲凸顯唐突不得體而有別於馬內，但整體而言，並沒有比馬內的〈奧林匹亞〉更具說服力（在回應性吸引力的強度時，馬內發現了更多真理，更多的「奇異性」）。

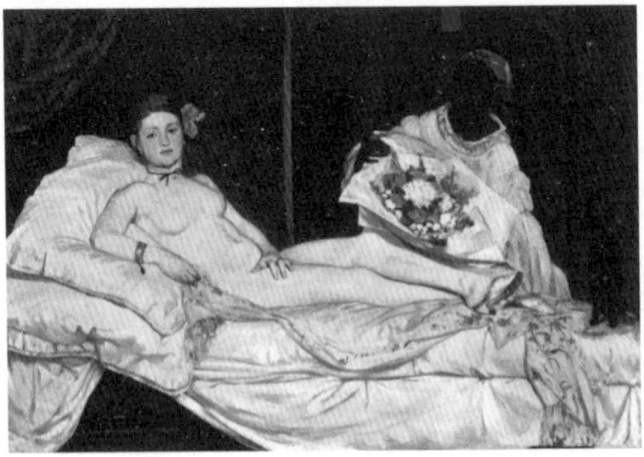

〈奥林匹亞〉（Olympia），
愛德華・馬內（Edouard Manet）
（一八六三）

〈泰利耶之家〉（Tellier's House），
艾德加·竇加（Edgar Degas）
（一八七九）

只有它們的暴力背離傳統：德拉克拉瓦的暴力是如此強大，他畫中的傳統元素難以掩飾其忠於觀念主義原則的形式。並非暴力，而是變態，性之執念把莫羅的人物與情色中痛苦的裸體相連結起來……

結論處，我現在必須談到超現實主義繪畫了，簡而言之，它代表著今日的矯飾主義。矯飾主義？這詞彙在使用者心中，再不帶任何輕蔑之感了。我訴諸此一詞彙，只因它傳達了一種緊繃的暴力，無此暴力，我們永遠不可能從傳統中解脫。我想要用它來表達德拉克拉瓦或馬內的暴力，或者莫羅的狂熱。我使用這詞彙以強調與古典主義之對反，古典主義總是在索求不變之真理：矯飾主義索求的可是狂熱！

索求，確然可作為需求的藉口，以吸引注意，需求本身是不健康的：利用情色來行騙，而忘記其危殆真相者就是這樣[1]……

1 我談的是薩爾瓦多．達利（Salvador Dali）。對我而言，他的畫作從前似乎富含激情，但今日我在他身上所見只餘技巧。但我相信，畫家本人允許被他自己那怪異又可笑的技巧所擺布。

〈顯靈〉（The Apparition），
居斯塔夫・莫羅（Gustave Moreau）
（一八七六）

今日，沒有人會把超現實主義這詞彙，限縮在安德烈．布勒東（André Breton）所聲稱，並為之命名的學派。況且，我偏好以矯飾主義來論述；我想要指出，那些執念於衍繹狂熱的畫作有其根本的一致性：狂熱、慾望、激情燃燒。我才不管矯飾主義這字眼所流露出來的狡詐；如果這個字與慾望相連，就是在那些想要慾望極度之感的腦袋裡。我要談論的畫家們，本質上的特徵就是憎惡傳統。單是這樣就讓他們愛上了熾熱的情色論——我是指情色散發著讓人無法呼吸的熾熱……本質上，我指涉的畫作是發燙的，活生生……焚燒著……我無能以判斷和分類所需的冷靜來論述它……

III 作為結論

1. 迷人的角色

在前兩章中，我想要帶出迷亂的（sans mesure）情色如何平順地邁入有意識的情色。

從戰爭中脫序的暴力走向悲劇的再現，是否有一種衰退之感？

就人性來說，戰鬥自身能夠是悲劇的趣味所在（intérêt）嗎？這問題終極上讓人折磨。

最初的衝動是解除喜劇的趣味。

如果我們以計算來對抗恐懼，以計算來對抗毫無節制的狂放脫序，一種降級之感就壓抑了我們。

然而，就我們所知，這種可能性之豐美（richesse）並非一蹴可幾。就如復仇——總要沉得住氣才比較好——人類意識之豐美，讓人目眩但又清明，要求著暴力要和緩，激情要相對冷卻。只有在兩個階段中人類才會企及這種可能性。第一是在人類的狂放脫序狀態之中，但第二是在人的意識中。我們必須評估意識生成的同時，人類失去了什麼。但首先我們必須理解到人性在多大的界限中囚禁著我們，意識之清明意味著冷卻。與意識相連，我們衡量著無從避免的衰退……以下的原則正是如此：我們不能在人性與意識間做出區別……

沒有意識的就不是人。

我們必須為初始的必然性清出空間。我們不可能存在（être），我們不可能人性地活著（vivre humainement），除非通過時間的曲徑：時間之整體才構成且完整了人的生命。因為激情的暴力——意識在其源頭處是脆弱的；之後因為激情衰退了，意識就誕生了。我們不能鄙視暴力；我們也不能嘲笑它衰減了。

特定時序在其單一時刻裡能有意義嗎？毋庸指出：只有時序的接續才能讓意義顯現。一段時序只因與其他時序相連才有意義。在每時片刻，如果我們不將這些片段與其他片段連結，我們擁有的片段是被剝奪意義的。我們能如何談論這個完整的全體？

我現在所能做的是，為我已經提出過的那些再增添一個新的視角，如果可能的話，就是最後的視角。

這將會是跳入一個完整的整體，其統合也許終將會對我顯示……

這個運動的原則是清明意識的不可能性，清明意識只會意識到其當下（immédiat）經驗。

我想要反思詳述兩位非常當代的人物，我只透過照片得知了他們。這兩個人幾乎意識不到自己當下存在的片刻。第一位是巫毒教的**獻祭者**。第二位則是中國酷刑的犧牲者，很顯然，此酷刑唯一的下場就是死亡……

我為自己設定的遊戲是：當鏡頭將他們的影像固定在玻璃或者底片上時，用心去再現他們正活著的那個片刻。

2. 巫毒獻祭品

巫毒獻祭者所經歷的是一種狂喜。一種可比擬為醉酒的狂喜。殺鳥兒帶來的狂喜。懷著熱情觀看這些照片，就像是穿透一個與我們相距無比迢遠的世界，除了這些談論之外，我不會再為這些非常漂亮的照片補述什麼，這是當今最卓越及最著名的攝影師之一所拍攝的照片。

這是一個血祭的世界。

在時間的歷程中，血祭打開人們的眼界，讓人沉思超乎限度的現實，完全在日常之外的現實，宗教世界中它被賦予奇怪的名稱：神聖性（le sacré）。我們無法合理地定義這個字。但我們之中的某些人仍能想像（試著想像）神聖性意味著什麼。無疑地，此書的讀者在面對這些照片時，會試著將其中的意義與獻祭之血腥真實，動物之死在獻祭中的血腥真實，所呈現給他們的形象相連結。對此形象……也許在結合令人暈眩的恐怖與酒醉的困擾當中……，這突然臨到的死亡，死亡本身之實在，有了比生命更沉重的一份意義，更沉重……且更冰冷。

3. 中國酷刑

北京這位受刑者照片中的情景，毫無遮掩的影像，他在酷刑的過程中被拍攝多次，就我所知，這是我們所能接觸到、透過底片所能捕捉到最痛苦的影像。展示在此的酷刑是「凌遲」，專門對治最嚴重的罪行。其中一張照片翻攝收錄於杜馬（Georges Dumas）一九二三年的《心理學論文集》（*Traité de psychologie*）一書中。但杜馬將它誤植至更早的年代，並把它當作「毛髮悚立」（horripilation）的例子來談論：人受驚嚇時毛髮會直立！有人告訴我，為了把酷刑延長，會提供鴉片給這位被詛咒的人。杜馬強調了犧牲者表情上狂喜的樣貌。當然我要補充，無疑至少某方面與鴉片相關，他的表情中有一些無法否認之物，增添了此照片最痛苦處。我在一九二五年就擁有了這些照片的其中一張。是法國精神分析先驅之一的伯瑞博士（**Dr. Borel**）持贈我的。這張照片在我的生命中有著決定性的角色。我從未停止執迷於這苦痛的影像，有時是狂喜，有時則無以承受。我好奇薩德伯爵會怎麼思想這張照片，薩德夢想著酷刑，他求之而不得，且從未親睹一件真正的酷刑。或某方面來說，這張影像是持續地顯現在他眼前的。但薩德會希冀於孤獨中見它，至少是在相對孤獨的時候，若不如此，狂喜及淫念慾樂就無法思議了。

在那之後，一九三八年，有一個朋友領我進入瑜伽的實踐。在該場合中，我察覺到，此影像的暴力之中有一種無限的逆轉能量。透過此暴力——甚至今日我還無法想像一個更瘋狂、更驚人的形式——我震驚地發現自己達致了狂喜之點。我的目的是要去描繪出在宗教狂喜與情色之間的一種根本連結——尤其是與施虐狂之連

〈凌遲之照〉，北京（一九〇五）

國家圖書館出版品預行編目（CIP）資料

愛神之淚：從洞穴壁畫、宗教場面到凌遲酷刑，法國情色論大師巴塔耶分析「極限、踰越」影像的顛峰之作／喬治・巴塔耶（Georges Bataille）著；吳懷晨譯. -- 初版. -- 臺北市：麥田，城邦文化出版：家庭傳媒城邦分公司發行，民109.02
面；　公分. --（時代感；10）
譯自：Les larmes d'Eros
ISBN 978-986-344-723-8（平裝）
1.性學　2.情色藝術　3.歷史
544.709　　108020132

時代感 10

愛神之淚

從洞穴壁畫、宗教場面到凌遲酷刑，法國情色論大師巴塔耶分析「極限、踰越」影像的顛峰之作

Les larmes d'Eros

作　　者／喬治・巴塔耶（Georges Bataille）
譯　　者／吳懷晨
書系主編／李明璁
責任編輯／江灝
主　　編／林怡君

國際版權／吳玲緯
行　　銷／巫維珍　蘇莞婷　黃俊傑
業　　務／李再星　陳紫晴　陳美燕　馮逸華
編輯總監／劉麗真
總 經 理／陳逸瑛
發 行 人／涂玉雲
出　　版／麥田出版
10483臺北市民生東路二段141號5樓
電話：(886)2-2500-7696　傳真：(886)2-2500-1967
發　　行／英屬蓋曼群島商家庭傳媒股份有限公司城邦分公司
10483臺北市民生東路二段141號11樓
客服服務專線：(886) 2-2500-7718、2500-7719
24小時傳真服務：(886) 2-2500-1990、2500-1991
服務時間：週一至週五09:30-12:00・13:30-17:00
郵撥帳號：19863813　戶名：書虫股份有限公司
讀者服務信箱E-mail：service@readingclub.com.tw
麥田網址／https://www.facebook.com/RyeField.Cite/
香港發行所／城邦（香港）出版集團有限公司
香港灣仔駱克道193號東超商業中心1/F
電話：(852)2508-6231　傳真：(852)2578-9337
馬新發行所／城邦（馬新）出版集團Cite (M) Sdn Bhd.
41-3, Jalan Radin Anum, Bandar Baru Sri Petaling, 57000 Kuala Lumpur, Malaysia.
電話：(603)9056-3833　傳真：(603)9057-6622
讀者服務信箱：services@cite.my

封面設計／王志弘
印　　刷／漾格科技股份有限公司

■2020年2月　初版一刷
■2022年3月　初版二刷

Printed in Taiwan.

定價：320元

ISBN 978-986-344-723-8

cite城邦媒體 麥田出版
Rye Field Publications
A division of Cité Publishing Ltd.

廣	告	回	函
北區郵政管理局登記證			
台北廣字第000791號			
免	貼	郵	票

英屬蓋曼群島商
家庭傳媒股份有限公司城邦分公司
104 台北市民生東路二段141號5樓

▼
請沿虛線折下裝訂，謝謝！

文學・歷史・人文・軍事・生活

麥田出版
Rye Field Publications

書號：RC6010　　書名：愛神之淚

讀者回函卡

cite城邦媒體

※為提供訂購、行銷、客戶管理或其他合於營業登記項目或章程所定業務需要之目的，家庭傳媒集團（即英屬蓋曼群島商家庭傳媒股份有限公司城邦分公司、城邦文化事業股份有限公司、書虫股份有限公司、墨刻出版股份有限公司、城邦原創股份有限公司），於本集團之營運期間及地區內，將以e-mail、傳真、電話、簡訊、郵寄或其他公告方式利用您提供之資料（資料類別：C001、C002、C003、C011等）。利用對象除本集團外，亦可能包括相關服務的協力機構。如您有依個資法第三條或其他需服務之處，得致電本公司客服中心電話請求協助。相關資料如為非必填項目，不提供亦不影響您的權益。

□ 請勾選：本人已詳閱上述注意事項，並同意麥田出版使用所填資料於限定用途。

姓名：________________ 聯絡電話：________________

聯絡地址：□□□□□ ________________

電子信箱：________________

身分證字號：________________（此即您的讀者編號）

生日：____年____月____日 性別：□男 □女 □其他________

職業：□軍警 □公教 □學生 □傳播業 □製造業 □金融業 □資訊業 □銷售業

□其他________________

教育程度：□碩士及以上 □大學 □專科 □高中 □國中及以下

購買方式：□書店 □郵購 □其他________________

喜歡閱讀的種類：（可複選）

□文學 □商業 □軍事 □歷史 □旅遊 □藝術 □科學 □推理 □傳記 □生活、勵志

□教育、心理 □其他________________

您從何處得知本書的消息？（可複選）

□書店 □報章雜誌 □網路 □廣播 □電視 □書訊 □親友 □其他________

本書優點：（可複選）

□內容符合期待 □文筆流暢 □具實用性 □版面、圖片、字體安排適當

□其他________________

本書缺點：（可複選）

□內容不符合期待 □文筆欠佳 □內容保守 □版面、圖片、字體安排不易閱讀 □價格偏高

□其他________________

您對我們的建議：________________

____